Table des matières

Introduction 5
Comment utiliser ce matériel de ressource 7

9. Autorité et redevabilité 9
1. Comprendre la crainte de l'Eternel et l'autorité 11
2. L'autorité déléguée dans le gouvernement,
   le travail, la famille et l'église 21
3. La bénédiction de l'autorité 31
4. La bénédiction de la redevabilité 40
   Canevas d'enseignement 50
   Questions de méditation supplémentaires 58

10. La perspective de Dieu sur les finances 59
1. Nous sommes des gérants de l'argent de Dieu 61
2. La dîme 71
3. Donner tant la dîme que les offrandes 82
4. Comment gérer les finances que Dieu a données 92
   Canevas d'enseignement 102
   Questions de méditation supplémentaires 110

11. Appelés à servir 111
1. Chacun peut servir 113
2. Nous sommes appelés à servir 123
3. Servir avec compassion 133
4. Nous sommes dans l'équipe de Jésus! 143
   Canevas d'enseignement 152
   Questions de méditation supplémentaires 160

12. Le grand commandement missionnaire 161
1. Quel est le grand commandement missionnaire? 163
2. Soyez prêts à l'action! Le combat spirituel 174
3. Atteindre les perdus et faire des disciples 185
4. Vous êtes appelé à devenir parent spirituel! 197
   Canevas d'enseignement 208
   Questions de méditation supplémentaires 216

Fondements bibliques

Cet ouvrage fait partie d'une série de douze conçus pour aider les croyants à bâtir un fondement biblique solide dans leurs vies.

Volume 1
1. **Connaître Jésus Christ en tant que Seigneur**
   Le dessein de Dieu pour nos vies au travers d'une relation personnelle avec Jésus
2. **Le nouveau style de vie**
   La véritable repentance et la foi en Dieu
3. **Les baptêmes du Nouveau Testament**
   Quatre baptêmes incluant le baptême d'eau et le baptême du Saint-Esprit
4. **Construire pour l'éternité**
   L'espérance de la résurrection, l'imposition des mains et le jugement éternel

Volume 2
5. **Vivre dans la grâce de Dieu**
   Appliquer la grâce de Dieu à la vie quotidienne
6. **Libéré de la malédiction**
   Christ amène la liberté dans chaque domaine de nos vies
7. **Apprendre à communier avec Dieu**
   Comment approfondir notre relation avec Jésus Christ
8. **Qu'est-ce que l'église ?**
   Trouver notre place dans la famille de Dieu

Volume 3
9. **Autorité et redevabilité**
   Quelle attitude adopter face aux responsables et aux autres croyants que Dieu place à nos côtés
10. **La perspective de Dieu sur les finances**
    Comment Dieu veut que son peuple gère l'argent
11. **Appelés à servir**
    L'appel de chaque chrétien à servir
12. **Le grand commandement missionnaire**
    Le but de notre vie sur cette planète

Introduction

Le fondement de la foi chrétienne est bâti sur Jésus-Christ et sa Parole donnée pour nous, la Bible. Cette série de fondements bibliques de douze sections comprend le fondement de doctrines bibliques nécessaire pour poser un fondement spirituel solide dans votre vie.

9. Autorité et redevabilité

Dans ce neuvième fondement biblique, *Autorité et redevabilité*, nous allons apprendre que le Seigneur a choisi de confier Son autorité à des hommes et des femmes dans différents domaines, comme le gouvernement, le travail, l'église et la famille. Si nous avons une compréhension saine de la crainte de l'Eternel, nous comprendrons pourquoi Dieu place des autorités dans nos vies. Le Seigneur délègue la responsabilité aux autorités afin qu'Il puisse les utiliser pour apporter protection, ajustement et structure dans nos vies. Une compréhension adéquate de l'autorité nous apportera la sécurité.

10. La perspective de Dieu sur les finances

Dans ce dixième fondement biblique, *La perspective de Dieu sur les finances*, nous allons apprendre que Dieu veut nous bénir financièrement! Dieu désire répondre à nos besoins et pourvoir abondamment pour que nous puissions bénir les autres. Nous allons apprendre que la dîme est une expression numérique nous rappelant que tout ce que nous avons appartient à Dieu. Nous ne sommes que des gérants des biens matériels que nous possédons. L'Ecriture a beaucoup de choses à dire sur l'argent et les possessions matérielles. L'argent est une question si importante, car l'attitude d'une personne envers les finances est souvent révélatrice de sa relation avec Dieu. Dieu veut restaurer une compréhension saine de ce domaine dans le corps de Christ.

11. Appelés à servir

Dans cet onzième fondement biblique, *Appelés à servir*, nous découvrons que chaque chrétien est appelé par Dieu à servir les autres. Le Seigneur a appelé des pasteurs et d'autres responsables spirituels à équiper les saints pour que chaque croyant soit impliqué dans un ministère et devienne mature en Christ. Alors que chaque chrétien accomplit ce que le Seigneur l'appelle à faire, il se produit quelque chose de merveilleux. Dieu commence à bâtir son Eglise à travers son peuple, de maison en maison et dans chaque communauté. Le ministère ne se passe pas seulement dans nos réunions d'église; il se manifeste dans nos écoles, sur nos places de travail et dans nos foyers alors que nous servons les autres.

12. Le grand commandement missionnaire

Dans ce douzième fondement biblique, Le grand commandement missionnaire, nous découvrons qu'en tant que disciples de Jésus-Christ, notre ordre de marche consiste à aller et à faire des disciples. Nous pouvons commencer dès aujourd'hui où que nous soyons! En tant que son Eglise, Dieu nous a appelés à atteindre chaque nation de la terre, mais nous devons demander au Seigneur où il nous appelle spécifiquement. Certains croyants seront appelés dans un autre pays pour y faire des disciples, mais beaucoup d'autres rejoindront les gens qui vivent autour de chez eux. Dieu place des personnes que nous pouvons rejoindre et former tout autour de nous.

Nous allons apprendre ce que veut dire aller en tant que force spirituelle (armée) pour évangéliser, faire des disciples, être des mentors pour d'autres et voir le royaume de Dieu avancer! Nous allons découvrir une façon efficace pour faire des disciples par le mentoring, dans un rôle de père ou de mère spirituel. Un parent spirituel est une personne qui encourage ceux qu'il suit en mentoring et les aide à grandir sur la voie qui les conduit devenir eux-mêmes des parents spirituels. Ce genre de formation par le mentoring encourage tous les croyants à avoir et à devenir eux-mêmes des parents spirituels, produisant ainsi des résultats durables. En fait, toute cette série de fondements bibliques a été écrite pour servir d'outil pour tout croyant prêt à faire des disciples selon le plan de notre Seigneur Jésus-Christ.

Utilisez ces fondements bibliques pour poser un fondement solide dans votre vie ou, si vous êtes déjà un chrétien mature, ces livrets sont des outils merveilleux pour vous assister dans la formation d'autres disciples. Que sa Parole prenne vie pour vous aujourd'hui.

Que Dieu vous bénisse!
Larry Kreider

Comment utiliser cet ouvrage de ressource

Étude personnelle
Lisez du début à la fin comme programme d'étude individuelle pour poser un fondement chrétien solide et développer la maturité spirituelle.
- Chaque chapitre contient un verset clé qu'il est bon de mémoriser.
- Des versets supplémentaires peuvent être utilisés pour approfondir sa compréhension.
- Chaque lecture inclut des questions de réflexion personnelle.

Méditations quotidiennes
Utilisez-le comme guide de méditation pour une étude quotidienne de la parole de Dieu.
- Des jours supplémentaires à la fin du livret portent le nombre total de méditations à un mois complet. La série de douze livres couvre une année de méditations quotidiennes.
- Des versets supplémentaires sont proposés pour approfondir l'étude.
- Chaque jour comprend des questions de réflexion.

Accompagnement et mentoring
Utilisez-le dans le cadre d'une relation de parentalité spirituelle pour étudier, prier et discuter ensemble des applications dans le concret.
- Un père ou une mère spirituel peut facilement emmener son fils ou sa fille spirituel dans ces courtes études bibliques et utiliser les questions de réflexion pour provoquer un dialogue sur le sujet étudié.
- Prenez une portion chaque jour ou un chapitre complet à la fois.

Études en petits groupes
Etudiez ces importants fondements bibliques dans un contexte de petit groupe.
- L'enseignant étudie le matériel contenu dans les chapitres et peut enseigner en utilisant le canevas tout simple mis à disposition en fin de livret.

Donner un cours de fondements bibliques
Ces enseignements peuvent être donnés par un pasteur ou par un autre responsable chrétien comme cours de fondements bibliques de base.
- Les étudiants lisent une portion du livret donnée.
- En classe, le responsable peut enseigner le sujet en utilisant les canevas de chapitres en fin de livret.

Fondements bibliques 9

Autorité et redevabilité

Quelle attitude adopter face aux responsables et aux autres croyants que Dieu place à nos côtés

CHAPITRE 1

Comprendre la crainte de l'Eternel et l'autorité

VERSET CLÉ À MÉMORISER

La crainte de l'Eternel est
le commencement de la sagesse.

Proverbes 1:7

Jour 1
La crainte de l'Eternel nous amène à obéir

Jonas était un prophète de l'Ancien Testament qui a fait une grosse erreur. Le Seigneur l'avait appelé à se rendre dans la ville de Ninive et à avertir sa population du jugement divin imminent. Mais Jonas savait que son Dieu était compatissant. Il se doutait que si les habitants de Ninive se repentaient, le Seigneur leur épargnerait le jugement prévu, et il ne voulait vraiment pas que Dieu ait compassion d'une nation autre qu'Israël. Ainsi, au lieu d'obéir, il a embarqué sur un navire qui se rendait le plus loin possible dans la direction opposée.

Pendant le voyage, le Seigneur a envoyé une terrible tempête qui a pratiquement disloqué le navire. Les marins étaient effrayés et ils se sont tous mis à implorer leurs dieux respectifs. Dans la tourmente, quelqu'un a découvert Jonas dans la soute, en train de dormir. Le capitaine lui a alors demandé: «Que fais-tu en train de dormir? Lève-toi et implore ton Dieu; peut-être nous épargnera-t-Il?»

Même si les marins ne croyaient pas au Dieu véritable, ils étaient des hommes spirituels et croyaient au surnaturel. Ils ont tiré au sort pour savoir si quelqu'un à bord était la cause de la tempête sur le point de les détruire. Le sort est tombé sur Jonas, qui a alors confessé: *Je crains l'Éternel, le Dieu des cieux, qui a fait la mer et la terre (Jonas 1:9).*

Jonas se sentait coupable d'avoir désobéi à Dieu et d'avoir mis les marins dans une telle situation. Il leur a demandé de le prendre et de le jeter dans la mer, en leur promettant que la tempête se calmerait. Après plusieurs tentatives infructueuses pour ramener le navire en direction de la côte, ils ont donc jeté Jonas par dessus bord avec réticence. Immédiatement, la tempête s'est arrêtée et la mer s'est calmée. *Ces hommes furent saisis d'une grande crainte de l'Éternel, et ils offrirent un sacrifice à l'Éternel, et firent des vœux (Jonas 1:16).*

Ces hommes comprenaient la crainte de l'Eternel. La crainte de l'Eternel entraîne des gens à placer leur foi dans le Seigneur pour être sauvés. Elle les amène aussi à réaliser que Dieu juge le péché parce qu'il est un Dieu saint. Nous devons avoir une compréhension saine de la crainte de l'Eternel. Si nous comprenons la crainte de l'Eternel, nous aspirerons à vivre une vie où nous lui obéissons.

REFLEXION

Dans l'histoire de Jonas, en quoi la crainte que les marins avaient pour leurs dieux païens est-elle différente de la crainte de l'Eternel qu'ils ont expérimenté en Jonas 1:16?

Jour 2
La crainte de l'Eternel nos amène à révérer Dieu

La Bible nous dit dans Proverbes 9:10a que si nous avons un profond amour et une révérence pour Dieu, nous allons grandir en sagesse. *La crainte de l'Eternel est le commencement de la sagesse...* Une compréhension saine de la crainte de l'Eternel consiste simplement à être impressionné par Sa puissance et par Sa présence. *Craindre l'Eternel signifie être dans un profond respect devant Lui et Le révérer,* comprenant que nous servons un Dieu puissant. Notre Père céleste nous aime d'une manière parfaite. Il veut le meilleur pour nos vies. Il est un Dieu qui a créé l'univers tout entier et qui a dans Ses mains tout pouvoir et toute autorité. En tant que chrétiens, nous devrions être animés d'une sainte crainte et trembler à la parole de Dieu: *Toutes ces choses, ma main les a faites, et toutes ont reçu l'existence, dit l'Éternel. Voici sur qui je porterai mes regards: Sur celui qui souffre et qui a l'esprit abattu, sur celui qui craint ma parole (Esaïe 66:2).*

Je ne dis pas que Dieu souhaite que nous nous tapissions dans un coin. Ce n'est pas ce qu'implique la crainte de l'Eternel. Le Seigneur ne veut pas que Ses enfants aient peur de Lui, mais qu'ils L'honorent et Le respectent. La parole de Dieu nous rappelle que «l'amour parfait bannit la crainte» (1 Jean 4:18). En d'autres termes, là où se trouve l'amour parfait de Dieu, la crainte ne peut pas rester; ou pour le dire encore différemment – là où la crainte est présente, l'amour est absent.

Cependant, si nous aimons, honorons et respectons notre Dieu, nous voudrons Lui obéir, car la crainte de l'Eternel implique aussi la crainte de pécher contre Lui et de faire face aux conséquences. J'ai grandi avec un père terrestre qui m'aimait. Je n'avais pas peur de lui. Cependant, si je lui désobéissais, j'avais peur des conséquences de la discipline que je savais devoir subir. Pourtant, je savais que

Autorité et redevabilité

même la discipline venait d'un père qui m'aimait. Notre Père céleste nous aime tant, mais il déteste le péché.

Notre Dieu a une autorité totale dans cet univers. Demandez-Lui de vous donner la grâce de connaître la crainte de l'Eternel dans votre vie. Attendez-vous à être impressionné par Sa présence dans votre vie!

REFLEXION
Si Dieu ne veut pas que nous ayons peur de Lui, de quel genre de «crainte» parlons nos ici?

Jour 3
La crainte de l'Eternel nous amène à nous détourner du mal

Lorsque nous avons une saine crainte de Dieu, nous ne voudrons pas pécher contre Lui. *La crainte de l'Eternel est la haine du mal ... (Proverbes 8:13)*. Nous savons que le fait de pécher contre un Dieu saint implique que nous en assumions les conséquences. Dieu n'est pas en train de nous surveiller constamment avec son bâton, attendant que nous fassions un pas de travers pour nous punir. Cependant, Dieu va punir le péché.

La Bible nous montre dans Actes 9:31 que l'église du Nouveau Testament comprenait ce que voulait dire marcher dans la crainte de l'Eternel. Lorsque nous avons une saine compréhension de la crainte de Dieu, nous haïrons le mal, sachant que le mal déplait au Seigneur et qu'il détruit le peuple de Dieu. *Ne savez-vous pas que les injustes n'hériteront point le royaume de Dieu? Ne vous y trompez pas: ni les impudiques, ni les idolâtres, ni les adultères, ni les efféminés, ni les infâmes, ni les voleurs, ni les cupides, ni les ivrognes, ni les outrageux, ni les ravisseurs, n'hériteront le royaume de Dieu. Et c'est là ce que vous étiez, quelques-uns de vous. Mais vous avez été lavés, mais vous avez été sanctifiés, mais vous avez été justifiés au nom du Seigneur Jésus Christ, et par l'Esprit de notre Dieu (1 Corinthiens 6:9-11).*

En d'autres termes, les vrais chrétiens ne choisissent pas une vie de péché. La bonne nouvelle est la suivante: quand nous nous repentons et nous nous détournons de notre péché, Jésus nous purifie. Et la «crainte de l'Eternel» nous empêche de revenir à notre ancienne manière de vivre.

Il y a de nombreux exemples de la crainte de l'Eternel dans le Nouveau Testament. Après qu'Ananias et Saphira aient menti au Saint-Esprit et soient tombés morts, le jugement de Dieu sur leur péché a fait grandir les croyants dans la crainte de l'Eternel. *Une grande crainte s'empara de toute l'assemblée et de tous ceux qui apprirent ces choses (Actes 5:11).*

Dans Apocalypse 1:17, Jean a fait une puissante rencontre avec Dieu. *Quand je le vis, je tombai à ses pieds comme mort. Il posa sur moi sa main droite en disant: Ne crains point!*

Notre crainte de Dieu n'est pas une crainte destructrice, mais elle nous conduit dans la présence et la pureté de Dieu. Lorsque nous comprenons et expérimentons la crainte de l'Eternel, nous allons haïr le péché et nous en détourner. Nous mettrons notre confiance en Jésus pour qu'il nous lave, nous purifie et nous renouvelle.

REFLEXION

Que haïssons-nous quand nous avons une saine crainte de l'Eternel selon Proverbes 8:13? Dans quoi la crainte de l'Eternel nous conduit-elle?

Jour 4
Pourquoi Dieu place-t-il des autorités dans nos vies

Le Seigneur a choisi de donner Son autorité à des hommes et des femmes dans divers domaines, comme le gouvernement, le travail, l'église et la famille. Si nous comprenons correctement la crainte de l'Eternel, nous comprenons pourquoi Dieu place des autorités dans nos vies. Le Seigneur délègue la responsabilité aux autorités afin qu'Il puisse les utiliser pour nous façonner, nous ajuster et structurer nos vies. Si nous résistons à ces autorités, les Ecritures montrent que nous résistons à Dieu et que nous apportons un jugement sur nous-mêmes. Romains 13:1-4a nous dit: *Que toute personne soit soumise aux autorités supérieures; car il n'y a point d'autorité qui ne vienne de Dieu, et les autorités qui existent ont été instituées de Dieu. C'est pourquoi celui qui s'oppose à l'autorité résiste à l'ordre que Dieu a établi, et ceux qui résistent attireront une condamnation sur eux-mêmes. Ce n'est pas pour une bonne action, c'est pour une mauvaise, que les magistrats sont à redouter. Veux-tu ne pas craindre l'autorité? Fais-le bien, et tu auras son approbation. Le magistrat est serviteur de Dieu pour ton bien...*

Les autorités dans nos vies ont été placées là par Dieu. Par exemple, les policiers et les employés du gouvernement sont des serviteurs de Dieu. Cela ne veut pas dire qu'ils agissent constamment selon Sa volonté. Cependant, Dieu les a placés dans nos vies et Il s'attend à ce que nous ayons une attitude respectueuse envers eux. Si nous roulons dans la rue et qu'un policier se debout au carrefour lève sa main, chaque conducteur va s'arrêter à cause de son autorité. Il ne s'agit pas de sa propre autorité, mais de l'autorité du gouvernement qu'il représente. Si nous désobéissons aux consignes du policier, nous désobéissons au gouvernement, car le policier est sous son autorité.

Une compréhension juste de l'autorité apportera de la sécurité dans nos vies. Les Ecritures nous enseignent que *«ce n'est pas pour une bonne action, c'est pour une mauvaise, que les magistrats sont à redouter» (Romains 13:3)*. Quand il n'y a pas d'autorité, c'est le chaos. Une des périodes les plus sombres de l'histoire pour le peuple de Dieu s'est produite parce qu'il n'y avait pas d'autorité en place. *En ce temps-là, il n'y avait point de roi en Israël. Chacun faisait ce qui lui semblait bon (Juges 21:25)*. La société ne tolère pas le chaos. Il y a toujours besoin d'une certaine forme de gouvernement ou de structure d'autorité. Si nous n'avons pas de saine structure d'autorité, le vide ainsi créé va laisser le champ libre au développement d'une structure d'autorité malsaine.

Dieu délègue son autorité à des hommes et des femmes. Quiconque a une autorité doit lui-même être sous une autorité, sinon il devient un tyran. J'ai entendu une fois l'histoire d'un sergent dans l'armée qui jouissait de son autorité, prenant grand plaisir à faire obéir ses hommes à ses ordres. Après sa retraite, il a essayé d'appliquer les mêmes principes dans sa ville. Il criait ses ordres à l'épicier, au facteur ou à la serveuse du restaurant. Il n'est pas besoin de préciser qu'il n'a pas été très bien reçu! L'ancien sergent a vite réalisé qu'il n'avait pas d'autorité sur ces personnes, car il n'était lui-même plus sous une autorité (militaire).

Si nous ne sommes pas sous l'autorité de Jésus, nous pouvons tenter de résister au diable et aux démons, mais ils n'ont pas à se soumettre à nous. Cependant, quand nous sommes soumis à l'autorité de Dieu dans nos vies, le diable doit fuir.

REFLEXION
Qui sont les autorités qui gouvernent dans votre vie? Recensez les façons dont chacune d'elles est utilisée par Dieu pour vous façonner, vous ajuster et structurer votre vie.

Jour 5
Que veut dire se soumettre à l'autorité?

Le Seigneur a mis en place des autorités déléguées pour nous protéger et nous façonner, nous ajuster et nous structurer, pour que nous soyons rendus conformes à l'image de Christ. Pour beaucoup de gens, c'est une leçon difficile à intégrer. Il y avait un jeune homme qui n'était pas prêt à se soumettre à l'autorité de ses parents et qui a décidé de s'engager dans l'armée. Devinez ce qui s'est passé? Maintenant, il a *vraiment* compris ce qu'est la soumission à l'autorité!

Qu'entend-on par «se soumettre à l'autorité»? Le mot *soumettre* signifie *céder*, se placer en dessous, s'en remettre à l'opinion ou à l'autorité d'un autre. La soumission est une attitude du cœur qui désire obéir à Dieu et aux autorités humaines qu'Il a placées dans nos vies.

Le mot *autorité* signifie *le droit de commander ou d'agir*. En d'autres termes, c'est *le droit donné par Dieu aux hommes et aux femmes de bâtir, de façonner, d'ajuster et de structurer la vies des autres*. Une autorité est une personne à qui il a été confié une responsabilité sur nos vies. Dans notre travail, c'est notre employeur; dans notre ville ou village, c'est notre maire; dans le corps de Christ, nos autorités sont les anciens et les pasteurs de notre église; et pour les jeunes et les enfants qui vivent à la maison, ce sont leurs parents.

Paul nous rappelle dans Tite 3:1 qu'il est important d'être obéissant aux autorités placées dans nos vies. *Rappelle-leur d'être soumis aux magistrats et aux autorités, d'obéir, d'être prêts à toute bonne œuvre.*

La soumission à l'autorité n'est pas un sujet très populaire de nos jours. Les employés se rebellent contre leurs employeurs, les étudiants contre leurs enseignants, les enfants contre leurs parents et les membres des églises contre leurs pasteurs. Le Seigneur veut restaurer une saine compréhension de la crainte de l'Eternel et de la soumission à l'autorité dans notre génération. Si nous n'avons pas appris à nous soumettre sainement aux autorités que le Seigneur a placées dans nos vies, nous désobéissons à Dieu qui les a mises en place.

La soumission à l'autorité semble être une folie archaïque pour de nombreuses personnes, *mais Dieu a choisi les choses folles du monde pour confondre les sages; Dieu a choisi les choses faibles du monde pour confondre les fortes (1 Corinthiens 1:27).*

Chaque fois que je résiste à toute autorité que le Seigneur a placée dans ma vie – parents, employeurs, policiers, autorité ecclésiale – c'est en fait à Dieu Lui-même que je résiste (à moins bien sûr, que cette autorité me demande de faire quelque chose qui va à l'encontre de la parole de Dieu et m'amène à pécher. Voir chapitre 2, jour 4). J'ai dit un jour à des jeunes: «Quand vos parents vous demandent d'être rentrés à minuit ou qu'un patron vous demande d'arriver à l'heure au travail, le Seigneur utilise ces autorités pour vous façonner et former en vous le caractère de Christ. Si vous n'obéissez pas, vous devrez repasser encore et encore par les mêmes leçons pénibles.»

REFLEXION
Que signifie le mot autorité? En quoi le fait de résister à l'autorité dans votre vie revient à résister à Dieu Lui-même?

Jour 6
L'obéissance vaut mieux que le «sacrifice»

Dieu attend toujours l'obéissance à Sa Parole. Dans 1 Samuel 15:22-23, Saül s'est rebellé et a désobéi aux claires instructions de Dieu parce qu'il plaçait ses propres perceptions de ce qui était juste au-dessus de ce que Dieu avait dit. Saül avait reçu l'ordre d'attendre que le prophète Samuel vienne offrir un sacrifice. Cependant, Saül craignait le peuple au lieu de craindre l'Eternel, et comme Samuel tardait, il a pris les choses en main et a lui même offert le sacrifice.

La réprimande de Samuel a été très directe… *L'Éternel trouve-t-il du plaisir dans les holocaustes et les sacrifices, comme dans l'obéissance à la voix de l'Éternel? Voici, l'obéissance vaut mieux que les sacrifices, et l'observation de sa parole vaut mieux que la graisse des béliers. Car la désobéissance est aussi coupable que la divination, et la résistance ne l'est pas moins que l'idolâtrie…*

L'obéissance du cœur vaut mieux que les «sacrifices» (toute forme extérieure de service pour le Seigneur). La rébellion (désobéissance) équivaut au péché de divination. Par la suite, la Bible nous montre qu'un esprit mauvais va tourmenter Saül (1 Samuel 16:14). La rébellion de Saül a ouvert la porte à un esprit mauvais dans sa vie, et il a vécu tourmenté pour le restant de ses jours. Il avait refusé de marcher dans la crainte de Dieu.

A moins que nous apprenions à nous soumettre aux autorités que le Seigneur a placées dans nos vies, nous ne pouvons pas être une autorité pour les autres de façon appropriée… Les enfants qui n'obéissent pas à leurs parents et ne se repentent pas de leur désobéissance grandissent avec une compréhension malsaine de l'autorité. Ils ont souvent tendance à dominer leurs propres enfants. Si nous réalisons que nous n'avons pas eu une attitude correcte envers les autorités que le Seigneur a placées dans nos vies, Il se peut qu'Il nous demande de demander pardon à la/les personne/s que nous avons déshonorée/s. Notre confession peut briser les liens de rébellion et d'entêtement qui ont pu se développer dans nos vies.

REFLEXION
Qu'est-ce qui a tant déplu à Dieu dans ce que Saül a fait? Expliquez la phrase: «L'obéissance vaut mieux que les sacrifices.»

Jour 7
L'autorité déléguée nous façonne

Les autorités que Dieu a placées dans nos vies ne sont pas parfaites. Nous ne nous soumettons pas à elles parce qu'elles sont parfaites, mais nous le faisons parce que le Seigneur les a placées là. Je me souviens d'un des petits boulots que j'avais trouvé quand j'étais jeune. Je n'aimais pas du tout l'attitude de mon employeur. Mais quelle que soit son attitude, je me suis soumis à lui parce qu'il était mon employeur. J'avais appris que c'est une immense bénédiction d'obéir aux autorités que le Seigneur a placées dans ma vie.

Autorité et redevabilité

Où que nous allions, une des premières questions que nous devrions nous poser est: «Qui le Seigneur a-t-il placé en position d'autorité ici?» Les gens qui sont véritablement sous l'autorité de Dieu voient l'autorité partout où ils vont. Ils réalisent que ces autorités ont été déléguées et mises en place par le Seigneur. Luc 17:7-10 nous explique cette autorité déléguée. *Qui de vous, ayant un serviteur qui laboure ou paît les troupeaux, lui dira, quand il revient des champs: Approche vite, et mets-toi à table? Ne lui dira-t-il pas au contraire: Prépare-moi à souper, ceins-toi, et sers-moi, jusqu'à ce que j'aie mangé et bu; après cela, toi, tu mangeras et boiras? Doit-il de la reconnaissance à ce serviteur parce qu'il a fait ce qui lui était ordonné? Vous de même, quand vous avez fait tout ce qui vous a été ordonné, dites: Nous sommes des serviteurs inutiles, nous avons fait ce que nous devions faire.*

Ce serviteur, après avoir travaillé durement toute la journée, est rentré des champs et a d'abord préparé un repas pour son maître. Est-ce que le maître l'a remercié? Non, parce que c'était la responsabilité de ce serviteur de préparer la nourriture pour son maître. Le serviteur avait une compréhension claire de l'autorité déléguée de Dieu. Les gens qui se sentent en sécurité n'ont aucune difficulté à se soumettre aux autorités que le Seigneur a placées dans leur vie.

C'est notre responsabilité de nous soumettre aux autorités que le Seigneur a placées dans nos vies, dans nos familles, dans nos places de travail, dans notre ville/village et dans notre église. Le Seigneur façonne Son caractère en nous alors que nous apprenons ce principe important. Je l'ai vu se produire à de nombreuses reprises quand quelqu'un ne peut pas se soumettre à son employeur – dans la plupart des cas, il passe d'un travail à l'autre et le problème se répète à chaque fois, car le problème est chez l'employé. Le Seigneur utilise Son autorité déléguée pour nous enseigner, nous façonner et bâtir Son caractère dans nos vies. Nous pouvons alors, avec amour, devenir Ses autorités pour d'autres personnes qu'il a placées dans nos vies.

REFLEXION
Mettez-vous à la place du serviteur dans cette histoire. Quelle serait votre attitude?

CHAPITRE 2

L'autorité déléguée dans le gouvernement, le travail, la famille et l'église

VERSET CLÉ À MÉMORISER

…car il n'y a point d'autorité qui ne vienne de Dieu … C'est pourquoi celui qui s'oppose à l'autorité résiste à l'ordre que Dieu a établi

Romains 13:1-2

Jour 1
Honorer l'autorité dans le gouvernement

Dans ce chapitre, nous allons nous pencher sur les quatre domaines principaux où Dieu a délégué Son autorité à des hommes ou des femmes. Ces quatre domaines sont le gouvernement, le travail, la famille et l'église.

Commençons par le gouvernement. Dans le monde déchu dans lequel nous vivons, nous avons besoin d'ordre et de brides pour nous protéger du chaos. C'est pour cette raison que Dieu a instauré le gouvernement. Selon Romains 13:1-2, nous devons être soumis aux autorités en place. *Que toute personne soit soumise aux autorités supérieures; car il n'y a point d'autorité qui ne vienne de Dieu, et les autorités qui existent ont été instituées de Dieu. C'est pourquoi celui qui s'oppose à l'autorité résiste à l'ordre que Dieu a établi...*

Obéir aux autorités du gouvernement
Matthieu 17:24-27; 22:15-22
Romains 13:1-7
1 Pierre 2:13-17

Les chrétiens devraient obéir aux autorités gouvernantes car elles sont instituées par Dieu. Romains 13:5-7 dit que nous devrions être soumis aux autorités non par crainte de la punition, mais parce qu'elles ont été instituées par Dieu et que nous devons garder une conscience pure en leur obéissant: *Il est donc nécessaire d'être soumis, non seulement par crainte de la punition, mais encore par motif de conscience. C'est aussi pour cela que vous payez les impôts. Car les magistrats sont des ministres de Dieu entièrement appliqués à cette fonction. Rendez à tous ce qui leur est dû: l'impôt à qui vous devez l'impôt, le tribut à qui vous devez le tribut, la crainte à qui vous devez la crainte, l'honneur à qui vous devez l'honneur.* Ce passage explique que si nous nous plaignons de devoir payer nos impôts, nous nous plaignons des autorités que Dieu a placées dans nos vies. Nous avons parfois tendance à critiquer les autorités – les policiers, par exemple. Nous le faisons en particulier lorsqu'ils nous collent une amende pour excès de vitesse ou stationnement interdit! Nous devons nous rappeler que les policiers sont des serviteurs de Dieu. Nous devons leur parler (et parler d'eux) avec une attitude de soumission et d'honneur.

Daniel, dans l'Ancien Testament, a été emmené captif à l'âge de seize ans comme esclave à Babylone. Malgré cela, il a vécu dans la crainte de Dieu et il est devenu un homme de prière. Il a appris à honorer les dirigeants de Babylone et il a été nommé ministre sous trois administrations différentes.

Que les autorités dans nos vies soient saines ou malsaines, le Seigneur les a placées là. Un jour où l'apôtre Paul a été emmené devant le sanhédrin, le grand prêtre Ananias a ordonné à ceux qui se tenaient à côté de lui de le frapper sur la bouche. L'apôtre n'a pas réalisé qu'Ananias était le grand prêtre, et il a répondu en le traitant de «muraille blanchie» (Actes 23:3). Ceux qui étaient près de lui ont dit: «Tu insultes le grand prêtre de Dieu?» Paul s'est immédiatement excusé... *Je ne savais pas, frères, que ce fût le souverain sacrificateur; car il est écrit: Tu ne parleras pas mal du chef de ton peuple (Actes 23:5).*

Même si les autorités dans nos vies sont malsaines, le Seigneur nous appelle à avoir une attitude de soumission envers elles. Nous les honorons pour leur position, pas pour leur conduite.

REFLEXION
Pourquoi devrions-nous faire attention à qui nous traitons de «muraille blanchie»? Pourquoi devrions-nous honorer les autorités dans le gouvernement?

Jour 2
Honorer l'autorité dans notre travail

Le second groupe d'autorités que le Seigneur a placées dans nos vies sont nos employeurs. Paul exhorte les chrétiens à voir leur travail comme un service envers Dieu. *Serviteurs, obéissez en toutes choses à vos maîtres selon la chair, non pas seulement sous leurs yeux, comme pour plaire aux hommes, mais avec simplicité de cœur, dans la crainte du Seigneur. Tout ce que vous faites, faites-le de bon cœur, comme pour le Seigneur et non pour des hommes, sachant que vous recevrez du Seigneur l'héritage pour récompense. Servez Christ, le Seigneur (Colossiens 3:22-24).*

En d'autres termes, notre véritable patron est Jésus-Christ. Nous devons voir nos métiers comme des moyens de servir le Seigneur Jésus-Christ. Si nous avons tendance à ne bien travailler que lorsque le patron est autour de nous, il y a un problème.

J'ai un ami qui travaillait dans un restaurant. Il s'est soumis

Autorité et redevabilité

à son patron, le reconnaissant comme l'autorité que le Seigneur avait placée au-dessus de lui. Les propriétaires et les gérants ont été si impressionnés par son attitude qu'ils se sont mis à engager ses amis chrétiens. En quelques années, la majorité des employés du restaurant étaient des chrétiens. Pourquoi? Parce que ce jeune homme avait une attitude de soumission à l'autorité de ses gérants et de ses employeurs.

Le Seigneur nous a appelés à nous investir avec enthousiasme, de tout notre cœur, dans notre travail, réalisant que nous le faisons comme pour le Seigneur. Et imaginez, alors que nous travaillons pour le Seigneur, nous sommes payés pour Le servir là où nous exerçons notre métier!

REFLEXION
Pour qui travaillons-nous en réalité? Pour Jésus-Christ ou pour notre employeur? Quelle devrait être notre attitude envers nos employeurs?

Jour 3
Comment Dieu utilise les patrons dans nos vies

Si votre patron est chrétien, ne pensez pas qu'il devrait vous faire des faveurs juste parce que vous êtes également chrétien. Certains croyants pensent: «Mon patron devrait comprendre pourquoi j'arrive en retard au travail, ou pourquoi je suis si lent. Il est chrétien.» Même s'il est croyant, votre patron doit prendre l'autorité que Dieu lui a donnée et vous discipliner afin que vous puissiez être rendu conforme à l'image de Christ.

Que tous ceux qui sont sous le joug de la servitude regardent leurs maîtres comme dignes de tout honneur, afin que le nom de Dieu et la doctrine ne soient pas blasphémés. Et que ceux qui ont des fidèles pour maîtres ne les méprisent pas, sous prétexte qu'ils sont frères; mais qu'ils les servent d'autant mieux que ce sont des fidèles et des bien-aimés qui s'attachent à leur faire du bien. Enseigne ces choses et recommande-les (1 Timothée 6:1-2).

Serviteurs, soyez soumis en toute crainte à vos maîtres, non seulement à ceux qui sont bons et doux, mais aussi à ceux qui sont d'un caractère difficile. Car c'est une grâce que de supporter des afflictions par motif de conscience envers Dieu, quand on souffre injustement. En effet, quelle gloire y a-t-il à supporter de mauvais traitements pour avoir commis des fautes? Mais si vous supportez la souffrance lorsque vous faites ce qui est bien, c'est une grâce devant Dieu. Et c'est à cela que vous avez été appelés, parce que Christ aussi a souffert pour vous, vous laissant un exemple, afin que vous suiviez ses traces (1 Pierre 2:18-21).*

Si nous arrivons en retard au travail, ou si nous sommes paresseux, notre employeur doit agir avec autorité à notre égard, afin que nous apprenions à être des hommes et des femmes de Dieu disciplinés. Cependant, si nous faisons du bon travail et que notre employeur est dur ou critique, alors le Seigneur nous promet qu'Il nous récompensera.

Jésus et Moïse ont tous deux appris à se soumettre à l'autorité de leur patron avant que Dieu ne les utilise puissamment. Jésus a travaillé dans l'atelier de charpentier pendant de nombreuses années avant de commencer Son ministère (Marc 6:3). Moïse s'est occupé des moutons de son beau-père pendant quarante ans, pendant que Dieu le préparait aux responsabilités pour qu'il conduise Son peuple hors d'Egypte (Exode 3). Leur Père céleste a utilisé ces autorités dans leurs vies pour leur enseigner à avoir un esprit soumis envers Lui et un esprit patient envers les gens qu'ils étaient appelés à servir.

REFLEXION

Comment devrions-nous agir si nous sommes disciplinés dans notre travail par un patron chrétien pour avoir fait quelque chose de mal?

En quoi Jésus est-il notre exemple en matière de soumission?

Jour 4
Honorer l'autorité dans la famille

Le Seigneur nous demande de nous soumettre aux autorités qu'Il a placées dans nos vies. La famille constitue un autre domaine de soumission. Ephésiens 6:1-4 nous dit: *Enfants, obéissez à vos parents, selon le Seigneur, car cela est juste. Honore ton père et ta mère (c'est le premier commandement avec une promesse), afin que tu sois heureux et que tu vives longtemps sur la terre. Et vous, pères, n'irritez pas vos enfants, mais élevez-les en les corrigeant et en les instruisant selon le Seigneur.*

Dieu demande aux enfants d'obéir aux autorités qu'Il a placées dans leurs vies, à commencer par leurs parents. A ceux qui obéissent, Il promet une longue vie! Les enfants qui honorent leurs parents seront bénis par Dieu sur la terre.

Les parents, de leur côté, sont aussi appelés à honorer leurs enfants. Ils les honorent en répondant aux véritables besoins de leurs enfants – en les élevant, en les corrigeant et en les instruisant selon le Seigneur sans les décourager par des attentes irréalistes (Colossiens 3:21).

Des jeunes m'ont souvent demandé s'ils devaient obéir à leurs parents si ceux-ci ne sont pas chrétiens et leur demandent de faire quelque chose qui n'est pas juste devant Dieu. Actes 5:29b nous dit qu' *… il faut obéir à Dieu plutôt qu'aux hommes.*

Si une autorité dans nos vies nous demande de faire quelque chose qui est un péché, nous devons obéir à Dieu d'abord! Par exemple, Kako était une jeune chrétienne dont les parents bouddhistes voulaient qu'elle continue à participer à leurs rituels religieux. Elle ne pouvait pas obéir à ses parents en continuant à adorer ces faux dieux, et elle a refusé. Dieu était son autorité supérieure. Notre obéissance à n'importe quelle autorité doit toujours être basée sur une loyauté plus forte envers Dieu. Ainsi, si des parents ou n'importe quelle autre autorité dans nos vies nous demandent de faire quelque chose qui va à l'encontre de la parole de Dieu, nous devons obéir à Dieu d'abord (voir chapitre 3, jour 5).

REFLEXION
Quelle est la promesse pour ceux qui honorent leurs parents (Ephésiens 6:1-4)? D'après Actes 5:29, que devrions-nous faire si une autorité dans nos vies nous demande de faire quelque chose qui est un péché?

Jour 5
La soumission mutuelle dans la famille

Être dans une attitude de «soumission,» c'est *se placer sous l'autorité de la personne responsable pour la mission de nos vies.* Au travail, nous *servons la mission de notre* employeur. A l'école, nous sommes dans le champ *de mission* de notre enseignant. Dans une équipe de basketball, nous sommes *le champ de mission* de l'entraîneur. A l'église, nous sommes *le champ de mission* des responsables spirituels que Dieu a placé dans nos vies. Et dans nos familles, nous sommes *le champ de mission* des responsables du foyer. Voyons maintenant comment la soumission mutuelle est un principe qui s'applique aux familles chrétiennes. ...*Vous soumettant les uns aux autres dans la crainte de Christ. Femmes, soyez soumises à vos maris, comme au Seigneur; le mari est le chef de la femme, comme Christ est le chef de l'Église, qui est son corps, et dont il est le Sauveur (Ephésiens 5:21-23).*

Dans les familles, le Seigneur a appelé les maris et les femmes à se soumettre l'un à l'autre. Dieu veut que les conjoints vivent dans l'unité et fonctionnent comme une équipe. Cependant, dans chaque équipe, le Seigneur place toujours quelqu'un en position de leadership. Dans le cas du mari et de la femme, la Bible déclare que le mari est le chef de la femme. Sa responsabilité doit s'exercer dans l'amour et la considération pour sa famille. Un mari est responsable d'aimer sa femme de la même façon que Jésus-Christ a aimé Son Eglise et a donné Sa vie pour elle (Ephésiens 6:25).

En tant que leader dans le foyer, un mari est responsable, dans les temps de crise, de prendre les décisions finales. Il y a quelques années, ma femme et moi devions prendre une décision: Devions-nous envoyer nos enfants dans une école chrétienne? Nous avons prié, discuté, prié à nouveau, discuté à nouveau, mais en fin de compte il fallait prendre une décision. Ma femme m'a répondu qu'en tant que chef du foyer, je devais prendre la décision et qu'elle se soumettrait à mon leadership. Elle faisait confiance que Dieu me conduirait dans la bonne décision.

Dans une famille monoparentale, le Seigneur donne à la maman ou au papa qui n'a pas de conjoint une grâce particulière pour les aider à élever leurs enfants. La Bible dit que notre Dieu est un père pour les orphelins (Psaume 68:5). Le Seigneur désire aussi utiliser le corps de Christ (l'église locale) pour aider les mamans et les papas qui sont seuls (Jacques 1:27).

REFLEXION

Comment les maris et les femmes se soumettent-ils l'un à l'autre? Qui devrait assumer le leadership dans une équipe mari-femme?

Jour 6
Honorer l'autorité dans l'église

Le quatrième domaine d'autorité que le Seigneur délègue aux hommes et aux femmes est l'église. Hébreux 13:17 dit: *Obéissez à vos conducteurs et ayez pour eux de la déférence, car ils veillent sur vos âmes comme devant en rendre compte; qu'il en soit ainsi, afin qu'ils le fassent avec joie, et non en gémissant, ce qui vous ne serait d'aucun avantage.*

Le Seigneur place des autorités spirituelles dans nos vies pour veiller sur nous et rendre compte au Seigneur de nos vies spirituelles. Le Seigneur a placé des anciens et des pasteurs dans nos vies pour nous diriger, nous corriger et nous protéger. Ce pour cela qu'il est si important pour les croyants d'être connectés à une église locale; c'est une protection spirituelle pour nous.

Paul se rendait redevable aux responsables spirituels que le Seigneur avait placés dans sa vie. Paul et Barnabas ont été envoyés par l'église d'Antioche pour implanter des églises dans le monde; ils sont revenus quelques années plus tard dans leur église locale et ont rendu compte de tout ce que le Seigneur avait fait (Actes 14:27-28).

Nous devrions honorer les responsables spirituels que le Seigneur a placés dans nos vies selon 1 Thessaloniciens 5:12-13. *Nous vous prions, frères, d'avoir de la considération pour ceux qui travaillent parmi vous, qui vous dirigent dans le Seigneur, et qui vous exhortent. Ayez pour eux beaucoup d'affection, à cause de leur œuvre. Soyez en paix entre vous.*

Quand je rencontre des gens qui disent: «Je ne suis pas d'accord avec mon pasteur ou les anciens de mon église,» je commence par les encourager à prier pour leurs responsables, pour que Dieu les bénisse et leur donne Sa sagesse. Après cela, le Seigneur les conduira peut-être à leur parler avec amour pour leur faire part de leur désaccord sur ces questions, en gardant à l'esprit qu'ils ne peuvent pas les changer – c'est la responsabilité de Dieu. Si les différences persistent, ils devront peut-être considérer deux autres possibilités – peut-être qu'ils ont de la rébellion dans leur vie qui doit être confrontée, ou peut-être que le Seigneur les appelle dans une autre église.

Lorsqu'il enseignait ses disciples sur le leadership, Jésus les instruisait de ne pas être comme les Gentils qui dominaient les gens, mais à être des serviteurs (Matthieu 20:25-28). Jésus ne suggérait pas que les leaders spirituels n'ont pas de responsabilité ou d'autorité pour diriger l'église, mais que leur attitude devrait être celle d'un serviteur. Par exemple, Néhémie dans l'Ancien Testament était un homme d'autorité, mais il n'a pas dominé le peuple comme l'avaient fait les anciens gouverneurs (Néhémie 5:15). Il était un serviteur qui marchait dans la crainte de Dieu.

L'appel du Seigneur pour les responsables spirituels est d'aider chaque croyant à s'approcher davantage de Jésus et à apprendre de Lui. Le Seigneur nous a appelés à avoir une attitude de soumission vis-à-vis des leaders qu'Il a placés dans nos vies. Il y a des années, j'ai entendu l'histoire d'un petit garçon qui insistait pour se mettre debout sur sa chaise pendant une réunion. Quand son père l'a pris par la main et l'a forcé à s'asseoir, le petit garçon a regardé son père d'un air provocateur en disant: «A l'extérieur, je suis assis, mais dans mon coeur, je suis debout!» Nos attitudes de cœur sont importantes pour le Seigneur.

En résumé, nous sommes appelés à prier pour, à soutenir, à nous soumettre et à faire appel à nos autorités spirituelles. Nous allons parler davantage de dernier point au chapitre suivant. De même, nos autorités spirituelles – pasteurs et anciens – devraient prier pour nous, nous enseigner, nous protéger et nous corriger selon ce qui est nécessaire.

REFLEXION
Comment honorons-nous les autorités spirituelles dans nos vies? Quelles sont les choses que nos autorités spirituelles font pour nous?

Jour 7
Le péché dans la vie d'un responsable spirituel

Que se passe-t-il si un responsable spirituel tombe dans le péché? Nous ne devrions pas nous soumettre aveuglément à un responsable qui a du péché dans sa vie, mais le confronter selon 1 Timothée 5:19-20. *Ne reçois point d'accusation contre un ancien, si ce n'est sur la déposition de deux ou trois témoins. Ceux qui pèchent, reprends-les devant tous, afin que les autres aussi éprouvent de la crainte.*

Si une personne ayant une autorité spirituelle (ancien, pasteur, responsable de cellule, d'église de maison...) pèche et que cela est confirmé, les personnes qui sont placées en autorité spirituelle au-dessus de lui sont responsables de le discipliner. La plupart des églises locales font partie d'une «famille d'églises» ou d'une dénomination plus large. Le leadership de cette famille d'églises a la responsabilité, avec les autres anciens, d'administrer correctement la discipline. En fait, la Bible explique que le coupable doit être repris en présence de toute l'église. Pour cette raison, tous les leaders devraient avoir des autorités spirituelles qui leur offre la direction, la protection et la correction dont ils ont besoin lorsqu'ils servent le Seigneur au sein de l'église locale.

Si nous avons du péché dans nos vies, le Seigneur demande à nos responsables d'église de nous discipliner avec amour et de nous restaurer pour que nous puissions à nouveau marcher dans la vérité (1 Corinthiens 5, Galates 6:1, Matthieu 18:17). Des pères terrestres pleins d'amour vont discipliner leurs enfants, parce qu'ils prennent soin d'eux. Dieu a choisi d'utiliser des gens comme Son bâton pour nous discipliner (2 Samuel 7:14), mais la discipline est là pour nous sauver, pas pour nous détruire. Être discipliné, c'est une marque de l'amour de Dieu pour nous. En fait, le Seigneur nous dit dans Hébreux 12:8: *Mais si vous êtes exempts du châtiment auquel tous ont part, vous êtes donc des enfants illégitimes, et non des fils.*

Où que vous soyez engagé dans le corps de Christ – dans un petit groupe (cellule), une assemblée locale ou une église de maison – le Seigneur vous a appelé à soutenir activement le leadership qu'Il a placé à cet endroit et à vous y soumettre. Si quelqu'un porte une accusation contre un responsable, dites à cette personne d'aller directement parler au leader. Ne colportez pas les ragots ou les accusations. Ne permettez pas aux commérages ou aux calomnies de venir se mettre en travers de l'œuvre de Dieu au milieu de vous. Et souvenez-vous, le Seigneur a placé des autorités dans nos vies pour aider à façonner le caractère de Jésus-Christ en nous.

REFLEXION
Que devrait-il se passer si un responsable a du péché dans sa vie (1 Timothée 5:19-20)? Que devrait-il se passer si nous avons du péché dans nos vies?

CHAPITRE 3

La bénédiction de l'autorité

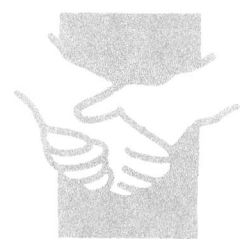

VERSET CLÉ À MÉMORISER

Pour cela je vous ai envoyé Timothée, qui est mon enfant bien-aimé et fidèle dans le Seigneur; il vous rappellera quelles sont mes voies en Christ, quelle est la manière dont j'enseigne partout dans toutes les églises.

1 Corinthiens 4:17

Jour 1

La soumission à l'autorité amène la protection

Dans ce chapitre, nous allons nous pencher sur certaines des bénédictions que nous recevons quand nous nous soumettons aux autorités que le Seigneur place dans nos vies. Certaines personnes grandissent avec une compréhension saine de l'honneur du aux autorités dans leurs vies et réalisent qu'elles sont là pour les protéger. D'autres se rebellent contre l'autorité parce qu'elles ne comprennent pas son rôle. Le Seigneur désire renouveler notre intelligence par Sa Parole pour que nous respections les autorités déléguées qu'Il a placées dans nos vies.

Tout d'abord, la soumission aux autorités est un commandement de Dieu. Que toute personne soit soumise aux autorités supérieures; car il n'y a point d'autorité qui ne vienne de Dieu, et les autorités qui existent ont été instituées de Dieu. C'est pourquoi celui qui s'oppose à l'autorité résiste à l'ordre que Dieu a établi, et ceux qui résistent attireront une condamnation sur eux-mêmes (Romains 13:1-2). L'Ecriture parle ici de se soumettre aux autorités gouvernantes, mais ce passage s'applique à toutes les autorités dans nos vies. Il n'y a pas d'autorité qui ne vienne de Dieu. En fait, Dieu met en place les autorités existantes. Dans la plupart des cas, si nous résistons à ces autorités, nous résistons à Dieu Lui-même. Nous devons nous soumettre aux autorités qu'Il a placées dans nos vies, car ces autorités nous protègent.

Par exemple, si nous ne respectons pas la limitation de vitesse, nous pouvons être tué ou tuer quelqu'un d'autre. Si un parent dit à son enfant de ne pas jouer avec des allumettes et que l'enfant désobéit, il y a un risque de perdre une maison, voire une vie. Ce ne serait pas la faute des parents, ni celle de Dieu; l'enfant a simplement désobéi à l'autorité placée dans sa vie. Il s'est écarté du parapluie de la protection divine.

Le fait d'avoir une attitude de soumission envers les autorités que Dieu a placées dans nos vies va nous protéger de nombreuses erreurs. C'est aussi une protection contre l'influence du diable. La nature du diable est la rébellion et la tromperie. Lucifer est tombé du ciel parce qu'il a dit: «Je serai semblable au Très-Haut.» Il a refusé de se soumettre à l'autorité de Dieu.

Il y a deux forces majeures dans l'univers – une qui nous pousse à nous soumettre à l'autorité de Dieu, l'autre qui nous pousse à nous rebeller. Chaque fois que nous entretenons une attitude de rébellion dans nos vies, nous commençons à être motivés par l'ennemi, ce qui nous conduit à pécher contre Dieu.

REFLEXION
Discutez de la façon dont l'autorité de Dieu agit comme un parapluie. Comment les deux forces présentes dans l'univers contrôlent-elles votre vie?

Jour 2
La soumission à l'autorité nous aide à apprendre des principes de foi

Si nous voulons être des gens de foi qui voient des miracles se produire, nous devons comprendre les principes liés à l'autorité. Quand nous nous soumettons aux autorités dans nos vies, nous apprenons les principes de foi. La foi du centurion dans Matthieu 8:8-10 était liée à sa compréhension de l'autorité. *Le centenier répondit: Seigneur, je ne suis pas digne que tu entres sous mon toit; mais dis seulement un mot, et mon serviteur sera guéri. Car, moi qui suis soumis à des supérieurs, j'ai des soldats sous mes ordres; et je dis à l'un: Va! et il va; à l'autre: Viens! et il vient; et à mon serviteur: Fais cela! et il le fait. Après l'avoir entendu, Jésus fut dans l'étonnement, et il dit à ceux qui le suivaient: Je vous le dis en vérité, même en Israël je n'ai pas trouvé une aussi grande foi.*

Le centurion a reçu un miracle de Jésus parce qu'il comprenait l'autorité. En tant qu'officier, il pouvait donner des ordres à ses subordonnés, et ils obéissaient. Il comprenait totalement que Christ, qui possédait toute autorité, pouvait donner un commandement, et Sa volonté allait ainsi s'accomplir.

Lorsque Jésus ordonne à une maladie de partir, elle doit s'en aller. Sa vie sur cette terre a été truffée d'exemples de personnes guéries de diverses maladies. Les Ecritures nous enseignent que nous devons nous attendre à des miracles quand nous faisons appel aux anciens de l'église pour prier pour nous quand nous sommes malades... *Qu'il appelle les anciens de l'Église, et que les anciens prient pour lui ... la prière de la foi sauvera le malade ... (Jacques*

5:14-15). L'acte de soumission à nos responsables spirituels peut libérer la foi pour la guérison dans nos vies!

REFLEXION
En quoi la soumission à l'autorité nous enseigne-t-elle sur la foi? Quel est le lien entre la foi et les miracles?

Jour 3
La soumission à l'autorité forme notre caractère

Quand nous apprenons à nous soumettre aux autorités dans nos vies, nous recevons une autre bénédiction: notre caractère est façonné pour que nous devenions à notre tour une saine autorité pour les autres.

Le Seigneur utilise les autorités dans nos vies pour nous apporter la parole de Dieu. Sa Parole épure de nos vies tout ce qui n'est pas de Lui. Tout comme un forgeron prend une pièce de métal, la chauffe afin qu'elle devienne malléable et ôte les impuretés avec son marteau, la parole de Dieu purifie. *«Ma parole n'est-elle pas comme un feu,» dit l'Éternel... (Jérémie 23:29).* Elle détruit tout ce qui est malsain dans nos vies et ne laisse que le «métal» authentique. De la même façon, notre caractère est fortifié lorsque nous sommes rendus conformes à l'image de Christ.

Dieu a placé des autorités pour nous rendre malléables. Lorsque nous réagissons à l'autorité par la colère et l'amertume parce que les choses ne se passent pas comme nous le voulons, c'est probablement un signe qu'il y a encore des impuretés que le Seigneur veut ôter de nos vies. La parole de Dieu est un feu qui purifie et qui nous transforme de plus en plus à Sa ressemblance.

Si nous n'avons pas appris la leçon de la soumission à l'autorité dans notre vie dans un contexte particulier, Dieu va amener une autre personne dans notre nouvelle situation avec laquelle nous pourrons apprendre à nous soumettre. Il nous aime à ce point. Il est engagé à voir nos vies motivées par le fruit de l'Esprit: l'amour, la joie, la paix, la patience, la bonté, la bienveillance, la foi, la douceur et la maîtrise de soi (Galates 5:22).

REFLEXION
Comment la parole de Dieu vous façonne-t-elle? Qu'est-ce que le Seigneur épure de votre vie? Par quel fruit de l'Esprit remplace-t-Il ce qu'il a épuré?

Jour 4
La soumission à l'autorité nous aide à nous diriger dans la vie

Nous allons aussi découvrir que le fait de nous soumettre à l'autorité va souvent nous aider à chercher et découvrir la volonté de Dieu pour notre vie. Quand j'étais adolescent, mes parents m'ont demandé de cesser ma relation avec certains amis de mauvaise influence. A l'époque, je n'ai pas apprécié ce qu'ils me demandaient. Je me sentais contrôlé, mais en regardant en arrière, je remercie Dieu de ce qu'il m'a aidé à me soumettre à leur autorité. Je réalise maintenant que cela m'a gardé de bien des déboires.

Une musicienne chrétienne contemporaine voulait enregistrer un album; cependant, ses parents lui ont conseillé d'attendre. Elle a trouvé difficile, mais a choisi de se soumettre à ses parents. Par la suite, elle a produit un album qui a été une source de bénédiction pour des centaines de milliers de personnes. Dieu a béni cette musicienne et lui a donné le bon timing pour sortir son album.

Joseph, dans l'Ancien Testament, s'est soumis à l'autorité du geôlier, même s'il était en prison pour de fausses accusations. Le Seigneur l'a par la suite élevé au rang de premier ministre sur toute la nation.

Jésus lui-même s'est soumis à Son Père céleste quotidiennement. Jésus a dit dans Jean 5:30b: *...car je ne cherche pas ma volonté, mais la volonté de celui qui m'a envoyé.* Jésus était engagé à marcher dans la soumission à l'autorité de Son Père céleste. Jésus n'a rien fait de sa propre initiative, mais seulement ce qui était initié par Son Père céleste.

REFLEXION
A quelle autorité Jésus est-il soumis? Avez-vous fait l'expérience de vous soumettre à une autorité dans votre vie et, par la suite, découvert plus facilement la volonté de Dieu pour vous?

Jour 5
Et si l'autorité est fausse?

Des gens m'ont souvent demandé: «Que devrions-nous faire si l'autorité dans ma vie est fausse?» Comme mentionné auparavant, nous devrions obéir à Dieu plutôt qu'aux hommes si l'autorité dans nos vies exige que nous fassions quelque chose de contraire à la parole de Dieu. Mais que faire si nous croyons que la saine autorité placée dans nos vies fait une erreur? Philippiens 4:6 nous dit de plaider notre cause. *Ne vous inquiétez de rien; mais en toute chose faites connaître vos besoins à Dieu par des prières et des supplications, avec des actions de grâces.*

Tout d'abord, nous devons plaider notre cause devant Dieu. Nous devrions prier, faire connaître nos requêtes et nos préoccupations, en faisant appel à Lui comme notre autorité. Dans la même façon, cela crée un précédent pour que nous fassions appel aux autorités déléguées dans nos vies. Selon le dictionnaire de Webster, le mot *'appel'* signifie *une demande ardente ou une pétition*. Le Seigneur veut que nous fassions appel aux autorités qu'il a placées dans nos vies dans une attitude de soumission.

Au lieu d'avoir un esprit soumis qui fait appel aux autorités, Aaron et Myriam ont accusé Moïse au sujet des décisions de leadership qu'il prenait. Ils n'ont pas craint l'Eternel ni respecté le prophète de Dieu, et ceci a permis à un esprit de rébellion de s'infiltrer dans leurs vies. Moïse, qui avait appris la leçon de l'autorité dans le désert en conduisant son troupeau, ne s'est pas défendu lui-même. Au lieu de cela, il est allé à Dieu, et Dieu l'a défendu.

Daniel et ses amis, dans l'Ancien Testament, ont fait appel à l'autorité dans leurs vies et demandé à ne pouvoir manger que certains types de nourriture (Daniel 1:8, 12, 13). Le Seigneur a honoré leur appel à l'autorité et les a béni par la santé, la sagesse, des aptitudes littéraires et des révélations surnaturelles.

Néhémie a fait appel auprès du roi pour être autorisé à se rendre à Jérusalem (Néhémie 1). Son appel à l'autorité dans une attitude de soumission a amené le roi à accéder à sa requête. L'attitude de Néhémie et son obéissance ont rendu possible la reconstruction de la muraille de Jérusalem.

En conclusion, si une personne en position d'autorité dans nos vies demande que nous péchions, nous devons obéir à Dieu plutôt qu'aux hommes (Actes 5:29). Les responsables de l'église primitive avaient reçu l'ordre des chefs religieux de l'époque de cesser de proclamer Jésus comme Seigneur. Ils ne pouvaient pas obéir à ces ordres; mais ils ont tout de même maintenu une attitude d'honneur envers les chefs religieux. Si les autorités dans nos vies nous demandent de tricher, de voler, de mentir ou de pêcher de quelque manière que ce soit, nous devons obéir d'abord au Dieu vivant! Cependant, c'est rarement le cas. En général, Dieu utilise les autorités dans nos vies pour façonner et structurer nos vies pour le bien.

REFLEXION
Y a-t-il déjà eu des situations où une autorité a voulu que vous fassiez quelque chose que vous saviez être un péché? Comment avez-vous réagi? Quel est souvent le fruit de l'appel à l'autorité? Quel est le résultat de la rébellion?

Jour 6
Maintenir une attitude d'amour et de soumission

La préoccupation de Dieu est que nous ayons une attitude d'amour et de soumission envers Dieu et envers ceux qu'Il a placés en autorité dans nos vies. C'est souvent l'opposé de ce que nous voyons aujourd'hui – les gens se préoccupent davantage d'avoir raison à leurs propres yeux et insiste pour pouvoir «faire ce qu'ils veulent».

Koré était un prêtre dans l'Ancien Testament qui se dressé dans la rébellion contre Moïse avec 250 autres responsables d'Israël. Plutôt que de faire appel dans l'amour et la soumission à l'autorité de Moïse et d'Aaron, ils ont défié leur autorité. *Ils s'assemblèrent contre Moïse et Aaron, et leur dirent: C'en est assez! car toute l'assemblée, tous sont saints, et l'Éternel est au milieu d'eux. Pourquoi vous élevez-vous au-dessus de l'assemblée de l'Éternel?* (Nombres 16:3).

Koré et les autres responsables ont été rebelles. Ils pensaient qu'ils pouvaient choisir eux-mêmes qui dirigeait le peuple de Dieu. Mais Dieu a clarifié les choses: C'est lui qui décidait. Le jour suivant, le sol s'est ouvert et a les a tous engloutis vivants. Dieu déteste la rébellion.

Abigaïl, dans 1 Samuel 25, a réalisé que David et son armée venaient pour détruire son mari et ses gens. Elle est allée à la rencontre de David et a fait appel à lui, et il l'a honorée et a épargné sa famille.

On a demandé à un de mes amis de signer un document lié à son travail, mais il a réalisé que la formulation le ferait signer un mensonge. Il a prié et décidé qu'il devait obéir à Dieu. Avant de se rendre vers ses superviseurs pour faire appel, il a demandé au Seigneur Sa sagesse pour répondre aux intentions de son employeur sans compromettre la vérité. Le Seigneur lui a donné un plan, mais il était prêt à perdre son emploi si nécessaire.

Il a expliqué à ses superviseurs qu'il appréciait de travailler dans leur compagnie et leur a expliqué pourquoi il ne pouvait pas signer le document. Il a reconnu que cela pourrait leur poser problème et qu'il courait le risque de perdre son emploi; mais il voulait rester fidèle à Dieu et ne pas mentir. En son temps, il a proposé le plan que le Seigneur lui avait montré, plan qui accomplissait les objectifs du document initial tout en restant fidèle à la vérité. Ils ont accepté son idée, et le Seigneur lui a donné une grande faveur dans cette compagnie.

RÉFLEXION
Pourquoi Dieu veut-il que vous fassiez appel à Lui quand vous avez des difficultés à vous soumettre à une autorité?

Jour 7
Comprendre l'autorité déléguée

Il y a quelques années, un missionnaire dans une nation d'Amérique du Sud enseignait une étude biblique sur le sujet de l'autorité à partir de Romains 13. Un médecin s'est levé et lui a demandé: «Cela veut-il dire que je dois payer les impôts que mon gouvernement exige?» A l'époque, cette nation avait un système de récolte des impôts particulièrement inefficace. Moins de 25%

de la population payaient des impôts. Le gouvernement, l'ayant réalisé, décida de hausser les impôts jusqu'à quatre fois plus que ce qui aurait été nécessaire pour couvrir le manque à gagner lié à ceux qui ne payaient pas.

Convaincu par ce principe biblique, le médecin a pris la décision de payer ses impôts, mais il a aussi prié et demandé au Seigneur Sa sagesse. Le Seigneur lui donna une idée pour changer le système de récolte des impôts. Il a partagé son idée avec les dirigeants de la ville, qui ont adopté sa suggestion. Cela a si bien fonctionné que 80% des gens ont commencé à payer leurs impôts. L'état a alors adopté cette approche, qui a par la suite été reprise par la nation toute entière. Toute une nation bénie par l'obéissance d'un seul homme. Osons obéir à la parole de Dieu et voyons ce qu'Il va accomplir par notre obéissance.

Quand nous comprenons le principe de l'autorité déléguée de Dieu, cela change notre manière de penser. L'apôtre Paul a clairement compris l'autorité déléguée. Dieu a donné à Paul une autorité déléguée, ainsi Paul a lui-même délégué une partie de l'autorité du Seigneur à Timothée et l'a envoyé vers les chrétiens de Corinthe. *Pour cela je vous ai envoyé Timothée, qui est mon enfant bien-aimé et fidèle dans le Seigneur; il vous rappellera quelles sont mes voies en Christ, quelle est la manière dont j'enseigne partout dans toutes les Églises (1 Corinthiens 4:17).*

Des années plus tôt, Paul (alors nommé Saul), sur la route de Damas, a été aveuglé par une grande lumière. Le Seigneur lui a montré de se rendre dans la ville et a envoyé Ananias pour prier pour lui. Paul n'a pas dit: «Mais Seigneur, j'aimerais que ce soit l'apôtre Pierre qui prie pour moi, ou Jacques.» Il était prêt à recevoir la prière du serviteur que le Seigneur avait choisi. Par conséquent, il a été rempli du Saint Esprit et a retrouvé la vue. Ananias était probablement un chrétien «inconnu» dans l'église de l'époque, mais tant Paul qu'Ananias avaient compris le principe de l'autorité déléguée par Dieu, et Dieu les a honorés tous les deux.

REFLEXION

Nommez certaines personnes qui ont une autorité déléguée sur votre vie dans votre famille, votre église, votre place de travail.

CHAPITRE 4

La bénédiction de la redevabilité

VERSET CLÉ À MÉMORISER

Efforcez-vous de conserver l'unité de l'Esprit par le lien de la paix.

Ephésiens 4:3

Jour 1
Qu'est-ce que la redevabilité personnelle ?

Le sens du mot redevabilité est rendre des comptes à d'autres personnes pour ce que Dieu nous a appelé à faire. Nous sommes premièrement redevables devant Dieu quant à la façon dont nous vivons notre engagement pour Christ. Nos vies doivent s'aligner avec la parole de Dieu. Puis nous sommes redevables envers les autres croyants. Ces personnes sont souvent des responsables spirituels que Dieu a placés dans nos vies. Hébreux 13:7 dit que ces leaders sont redevables envers Dieu par rapport à nous parce qu'ils … *veillent sur vos âmes comme devant en rendre compte*…

Je me suis souvent rendu redevable à d'autres pour un objectif qu'il me semblait que le Seigneur m'avait fixé. Il y a plusieurs années, j'ai donné à un des hommes d'un groupe d'étude biblique dans lequel j'étais impliqué un droit de regard sur ma vie, en particulier sur mon temps passé chaque jour dans la prière et la méditation de la parole de Dieu. Chaque matin à 07:00, il me téléphonait pour voir où j'en étais. La redevabilité m'a permis d'être victorieux. Le fait de se rendre redevable envers d'autres pour ce que le Seigneur nous a montré pour certains domaines de nos vies qui ont besoin d'encouragement et de soutien fait une énorme différence.

Je veux souligner le fait que la redevabilité personnelle, ce n'est pas le fait d'avoir d'autres personnes qui nous disent quoi faire. La redevabilité personnelle consiste à chercher Dieu pour découvrir ce qu'Il veut que nous fassions, puis nous rendre redevables envers d'autres pour arriver à faire ces choses. Il y a un risque d'abus spirituel lorsqu'une personne en position d'autorité spirituelle dans nos vies utilise mal cette autorité et tente de nous contrôler. Ce n'est pas la redevabilité biblique ! L'objectif d'une personne en position d'autorité doit être d'aider à nous édifier. Si quelqu'un utilise notre redevabilité, même si elle est saine en apparence, pour tenter de nous manipuler plutôt que nous libérer pour faire ce que Dieu nous appelle à faire, il s'agit d'un abus de pouvoir.

REFLEXION
Qui «rend compte» de vous ? Donnez un exemple de redevabilité personnelle tiré de votre propre vie.

Jour 2

Redevable à Jésus d'abord

Comme nous venons de le mentionner, nous sommes en premier lieu redevables au Seigneur quant à la façon dont nous vivons notre engagement avec Lui. Marc 6 montre comment les douze disciples étaient redevables à Jésus. Il les avait formés et maintenant ils étaient prêts à être envoyés. Au verset 7, Jésus les envoie deux par deux afin qu'ils puissent se soutenir et s'encourager mutuellement dans leur mission. *Alors il appela les douze, et il commença à les envoyer deux à deux, en leur donnant pouvoir sur les esprits impurs.*

Après qu'ils aient servi, le verset 30 dit que les disciples ont rapporté à Jésus ce qu'ils avaient vécu. C'est un exemple de redevabilité à l'œuvre. *Les apôtres, s'étant rassemblés auprès de Jésus, lui racontèrent tout ce qu'ils avaient fait et tout ce qu'ils avaient enseigné (Marc 6:7, 30).*

Une autre fois, quand soixante-douze disciples ont été envoyés, ils sont aussi revenus et ont été redevables à Jésus. Luc 10:1, 17 nous dit: *Après cela, le Seigneur désigna encore soixante-dix autres disciples, et il les envoya deux à deux devant lui dans toutes les villes et dans tous les lieux où lui-même devait aller. Les soixante-dix revinrent avec joie, disant: Seigneur, les démons mêmes nous sont soumis en ton nom.*

Si les premiers disciples devaient être redevables à Jésus, Celui qui les avait envoyés, à combien plus forte raison devons nous être redevables à notre Seigneur Jésus-Christ! Nous sommes redevables en vivant nos vies en obéissance à la parole de Dieu alors que nous plaçons notre espérance dans Ses promesses (Psaume 119:74) et les cachons au plus profond de nos cœurs (Psaume 119:11).

REFLEXION
Comment les disciples étaient-ils redevables à Jésus dans Marc 6? Comment êtes-vous redevable à Jésus?

Jour 3

Redevable aux autres

Nous sommes souvent confrontés à de sérieux combats spirituels que nous devons apprendre à surmonter. D'autres peuvent nous aider à faire face à ces batailles. La redevabilité, c'est une personne qui nous aime suffisamment pour vérifier régulièrement comment nous allons dans nos vies personnelles afin que nous restions sur la bonne voie. Paul a écrit aux chrétiens de Rome pour leur rappeler des vérités qu'ils connaissaient déjà. Il voulait les encourager dans l'amour. *Pour ce qui vous concerne, mes frères, je suis moi-même persuadé que vous êtes pleins de bonnes dispositions, remplis de toute connaissance, et capables de vous exhorter les uns les autres (Romains 15:14).*

D'après le dictionnaire Webster, *exhorter signifie conseiller contre de fausses pratiques, mettre en garde et enseigner avec correction.* Nous avons tous besoins dans nos vies de gens qui nous exhortent et nous maintiennent dans la redevabilité. Cela ne se passe pas tout seul. *Nous devons demander. Dieu résiste aux orgueilleux, mais Il fait grâce aux humbles (1 Pierre 5:5b).* Il faut de l'humilité pour demander aux autres de nous maintenir redevables dans notre façon de vivre notre vie chrétienne, mais Dieu fait grâce à ceux qui sont suffisamment humbles et prêts à ouvrir leur vie aux autres.

Un jour, après avoir passé quelques jours à prier avec un groupe de leaders chrétiens, j'ai demandé à l'un d'entre eux de me maintenir redevable dans ma façon de me conduire en tant que responsable chrétien. Il a été d'accord et m'a demandé de faire la même chose pour lui. Il y a une immense liberté et protection dans le fait d'être redevable envers quelqu'un d'autre. Le diable habite dans les ténèbres et il va tenter de nous isoler des autres croyants. Jésus désire que nous marchions dans la lumière de la transparence et de la redevabilité.

REFLEXION
Que veut dire exhorter? Vous êtes-vous déjà humilié en demandant à une autre personne de vous maintenir redevable?
Que s'est-il passé?

Jour 4
La redevabilité nous aide à résister à la tentation

Très souvent, un chrétien va commencer à grandir dans sa vie chrétienne, puis retomber dans une vie médiocre. D'autres fois, les croyants sont vaincus par la tentation et tombent dans le péché. Le fait d'être redevable envers une autre personne nous aide à rester enflammé pour Dieu et à résister à la tentation… *Aucune tentation ne vous est survenue qui n'ait été humaine, et Dieu, qui est fidèle, ne permettra pas que vous soyez tentés au delà de vos forces; mais avec la tentation il préparera aussi le moyen d'en sortir, afin que vous puissiez la supporter (1 Corinthiens 10:13).*

Nous ne devrions pas avoir peur d'être honnêtes sur nos combats et nos chutes. Un des bénéfices de la redevabilité est que nous découvrons souvent que nous ne sommes pas les seuls à lutter dans ce domaine particulier. Le fait de savoir que nous ne sommes pas seul avec notre problème nous aide à être plus transparent pour admettre nos faiblesses afin que nous puissions être guéri. *Confessez donc vos péchés les uns aux autres, et priez les uns pour les autres, afin que vous soyez guéris. La prière fervente du juste a une grande efficacité (Jacques 5:16).*

Qui sont les personnes que le Seigneur a placées dans votre vie? Donnez-leur un droit de regard sur votre vie pour vous aider à faire ce que le Seigneur vous appelle à faire. Peut-être avez-vous besoin d'être redevables dans la gestion de vos finances? Ou dans votre relation avec votre épouse?

Si vous désirez perdre du poids, vous trouverez particulièrement utile de vous rendre redevable envers quelqu'un quant à vos habitudes alimentaires et votre exercice quotidien. J'ai entendu un homme dire qu'il avait perdu plus de 10'000 kg dans sa vie. Il en perdait quelques uns, puis les regagnait, les reperdait, puis les regagnait. Le cycle s'est répété. En vérité, s'il n'exagérait pas et ne plaisantait pas sur sa condition physique, il avait désespérément besoin de se rendre redevable à quelqu'un dans sa vie. La redevabilité est libératrice! Elle nous encourage à grandir dans la maturité et la victoire dans nos vies.

La redevabilité nous empêche de devenir paresseux dans notre relation avec le Seigneur et nous offre une échappatoire quand la tentation frappe à notre porte. La Bible nous demande de nous exhorter les uns les autres chaque jour, afin de ne pas nous endurcir par la séduction du péché (Hébreux 3:13).

REFLEXION

Comment Dieu a-t-il utilisé les autres pour vous aider à résister à la tentation? Avez-vous déjà aidé quelqu'un d'autre à être redevable envers Dieu? Que nous demande Hébreux 3:13 de faire chaque jour?

Jour 5
La redevabilité nous aide dans nos «angles morts»

Beaucoup de conducteurs font l'expérience de qu'on appelle l'«angle mort» lorsqu'ils dépassent, tournent ou parquent leur véhicule. Dans cette zone potentiale dangereuse, il est impossible de voir le trafic.

De la même façon, beaucoup d'entre nous avons des angles morts dans nos vies, des zones que nous ne voyons pas mais dont les autres sont conscients. Il y a beaucoup de monde dans nos vies qui peuvent nous aider avec nos angles morts. Ces personnes peuvent parler dans nos vies et nous dire comment elles nous perçoivent. Au travail, nous sommes peut-être redevables envers un contremaître. A la maison, les maris et leur femme sont redevables l'un envers l'autre. Les enfants sont redevables envers les parents. Nous sommes redevables envers les leaders de notre église. Les Ecritures nous disent dans Proverbes 11:14 que ... *le salut est dans le grand nombre des conseillers.* Un de mes amis a dit une fois: «Apprenez à écouter vos critiques. Il se pourrait qu'ils vous disent des choses que vos amis ne vous diront jamais.» C'est un excellent conseil.

Lorsque des gens nous donnent un droit de regard sur leur vie, il est bon de se souvenir que nous ne devrions pas juger leurs attitudes. Au lieu de cela, nous les aidons à prendre conscience de certaines actions dans leurs vies qui déplaisent au Seigneur. Nous devrions le dire d'une manière qui les encourage. Nous sommes redevables pour les paroles que nous prononçons. *Je vous le dis: au jour du jugement, les hommes rendront compte de toute parole vaine qu'ils auront proférée. Car par tes paroles tu seras justifié, et par tes paroles tu seras condamné* (Matthieu 12:36-37).

A un certain point dans ma vie chrétienne, j'ai été convaincu par le Seigneur que je devais développer une relation plus intime avec Lui. J'ai partagé honnêtement ce besoin dans ma vie avec un des hommes dans mon petit groupe. Je savais que je devais faire certaines choses si je voulais avancer dans ma relation avec Jésus, et cet ami chrétien m'a contacté régulièrement et m'a régulièrement encouragé pour que je les fasse.

Matthieu 18 décrit un scénario légèrement différent pour la redevabilité dans l'église. Lorsqu'un frère ou une sœur, chrétien pratiquant, pêche contre nous en privé, que devrions-nous faire pour leur faire prendre conscience de ce péché? Ce verset dit que nous ne devrions pas aller parler du problème à quelqu'un d'autre. Nous devons aimer suffisamment le pêcheur pour aller directement lui parler. S'il a du péché dans sa vie et qu'il ne veut pas vous écouter, la Bible dit que nous devrions alors prendre un ou deux amis chrétiens et tenter ensemble de lui parler à nouveau (Matthieu 18:15-17). L'objectif est de voir cette personne restaurée et guérie.

Le but de la redevabilité est toujours de rejoindre un individu avec amour et humilité pour qu'il puisse recevoir une réaffirmation de l'amour de Dieu dans sa vie et qu'il soit restauré dans l'image de Christ.

REFLEXION
Qu'est-ce qu'un «angle mort»? Quelqu'un vous a-t-il déjà aidé à en voir un dans votre vie? Quelles sont les étapes de redevabilité citées dans Matthieu 18 pour gérer un problème entre vous et un autre chrétien?

Jour 6
La redevabilité dans un petit groupe

Dieu ne nous a pas créé pour que nous vivions détachés des autres croyants. Quand on parle de l'expérience quotidienne de vivre avec Jésus, nous avons besoin de gens dans nos vies avec lesquels nous développons une relation proche et qui nous encouragent.

Veillons les uns sur les autres, pour nous exciter à la charité et aux bonnes œuvres. N'abandonnons pas notre assemblée, comme c'est la coutume de quelques-uns; mais exhortons-nous réciproquement, et cela d'autant plus que vous voyez s'approcher le jour (Hébreux 10:23-25).

Car, s'ils tombent, l'un relève son compagnon; mais malheur à celui qui est seul et qui tombe, sans avoir un second pour le relever (Ecclésiaste 4:10).

Les croyants avec lesquels nous marchons peuvent nous maintenir redevables pour les choses que le Seigneur nous dit de faire. Un petit groupe de croyants dans une cellule de prière, un groupe de jeunes ou une église de maison constitue un contexte idéal pour exprimer le désir de redevabilité. Nous ne pouvons pas être redevable à tout le monde dans une grande église, mais dans un petit groupe, nous pouvons plus facilement partager nos luttes et recevoir l'aide dont nous avons besoin pour surmonter un problème ou une tentation.

Dans un petit groupe, nous pouvons être formé, équipé et encouragé dans les choses de Dieu. Personne ne devrait tenter de vivre sa vie chrétienne sans le soutien des autres. Nous pouvons éviter beaucoup de difficultés en apprenant le principe de la redevabilité et en l'appliquant dans nos vies au sein d'un petit groupe.

REFLEXION
D'après Hébreux 10:25, pourquoi est-il important de se réunir avec d'autres croyants? Pourquoi est-il plus facile d'être redevable aux autres dans un petit groupe?

Jour 7
Jésus est notre autorité ultime

Notre autorité et notre redevabilité ultime devraient venir de Jésus, pas des autres personnes. Jésus nous donne son autorité pour que nous puissions vivre des vies victorieuses. *Voici, je vous ai donné le pouvoir de marcher sur les serpents et les scorpions, et sur toute la puissance de l'ennemi; et rien ne pourra vous nuire (Luc 10:19).*

Jésus est Celui de qui nous recevons l'autorité. Même si Dieu utilise de autorités déléguées dans nos vies et attend de notre part une attitude de soumission envers elles, Dieu est celui qui nous donne l'autorité ultime. Nous avons même autorité sur les démons au nom de Jésus grâce à l'autorité de Jésus-Christ. Lorsque nous recevons cette autorité en le connaissant et en vivant une relation intime avec Jésus, Sa Parole nous donne autorité.

Autorité et redevabilité

Quand Jésus parlait, les gens écoutaient. En nous rapprochant de Jésus, nous parlerons aussi avec l'autorité de Jésus-Christ. Dieu restaure la crainte de l'Eternel dans notre génération. Il nous a appelés à nous soumettre aux autorités qu'Il a placées dans nos vies. En le faisant, le Seigneur nous enseigne les principes de la foi. Le Seigneur donne autorité à Ses autorités déléguées pour nous façonner et former l'image de Christ en nous. Ces autorités se trouvent dans le gouvernement, la place de travail, nos familles, nos communautés et notre église.

Le Seigneur nous a appelés à avoir une attitude de soumission aux autorités qu'Il a placées dans nos vies, en réalisant qu'Il est notre autorité ultime. Nous ne devrions jamais obéir à une autorité qui nous entraîne à pécher (Actes 5:29). Nous devons obéir à Dieu plutôt qu'aux hommes. Si nous pensons que les autorités dans nos vies nous amènent à pécher, nous devons prier et faire appel auprès d'elles.

Qui sont les autorités que le Seigneur a placées dans votre vie? A qui êtes-vous redevable? Une compréhension saine de l'autorité et de la redevabilité nous apporte une grande sécurité et liberté. Le fait de savoir que le Seigneur nous aime suffisamment pour placer des autorités dans nos vies pour nous protéger et nous façonner est merveilleux! Le fait de savoir que les gens que le Seigneur a placés dans nos vies nous aiment suffisamment pour nous maintenir redevables pour nos actions est une immense bénédiction. Nous n'avons pas besoin de vivre nos vies chrétiennes tous seuls! Dieu vous bénit alors que vous expérimentez l'autorité pleine d'amour de Jésus-Christ et la bénédiction de la redevabilité.

REFLEXION

L'autorité même de Dieu est donnée à Son peuple sur la terre! Décrivez ce pouvoir (Luc 10:19).Qu'est-ce qu'une compréhension juste de l'autorité et de la redevabilité apporte dans nos vies?

**Autorité et redevabilité
Canevas du chapitre 1**

Comprendre la crainte de l'Eternel et l'autorité

1. **La crainte de l'Eternel nous amène à obéir**
   a. La crainte de l'Eternel entraîne les gens à placer leur foi dans le Seigneur pour leur salut (Jonas 1:16).
   b. Dieu juge le péché parce qu'Il est un Dieu saint, ainsi nous devrions vouloir obéir.

2. **La crainte de l'Eternel nous amène à révérer Dieu**
   a. Une profonde révérence et un amour pour Dieu nous aident à grandir dans la sagesse.
   Proverbes 9:10
   b. Nos devrions être animés d'une saine crainte qui tremble à la parole de Dieu (Esaïe 66:2).
   c. La crainte du Seigneur implique la crainte de pécher contre Lui et d'en subir les conséquences.
   d. Nous ne devrions pas avoir peur de Dieu (1 Jean 4:18), mais craindre les conséquences de la discipline qui suit la désobéissance.

3. **La crainte de l'Eternel nous amène à nous détourner du mal**
   a. Nous ne voudrons pas pécher si nous avons la crainte du Seigneur.
   Proverbes 8:13
   b. Nous haïrons le mal, sachant que le mal déplait au Seigneur et qu'il nous détruit (1 Corinthiens 6:9-11).
   c. Notre crainte du Seigneur n'est pas une crainte destructrice, mais une crainte qui nous conduit dans la présence de Dieu (Apocalypse 1:17).

4. **Pourquoi Dieu place-t-il des autorités dans nos vies**
   a. Les autorités sont dans nos vies pour nous façonner, nous ajuster et structurer nos vies.
   b. Si nous résistons aux autorités, nous résistons à Dieu Lui-même. Romains 13:1-4
   c. L'autorité amène la sécurité (Romains 13:3). Sans autorité, il y a le chaos (Juges 21:25).
   d. Dieu délègue son autorité aux hommes et aux femmes. Toute personne ayant autorité doit être sous une autorité.

5. **Que veut dire se soumettre à l'autorité?**
   a. Nous devrions obéir aux autorités dans nos vies (Tite 3:1).
   b. La soumission peut sembler être une folie (1 Corinthiens 1:27) mais lorsque nous résistons à l'autorité, nous résistons à Dieu (à moins que l'autorité ne vous demande de faire quelque chose qui viole la parole de Dieu et vous entraîne à pécher).

6. **L'obéissance vaut mieux que le «sacrifice»**
   a. Dieu demande l'obéissance à Sa Parole. Saül s'est rebellé et a désobéi aux claires instructions de Dieu. Il a placé sa propre perception de ce qui est bien au-dessus de ce que Dieu a dit. Dieu compare sa rébellion à la divination (1 Samuel 15:22-23).
   b. L'obéissance du cœur vaut mieux que le sacrifice (les formes de service extérieures pour le Seigneur).

7. **L'autorité déléguée nous façonne**
   a. Nous ne nous soumettons pas aux autorités parce qu'elles sont parfaites, mais parce que Dieu les a placées là.
   b. Les autorités déléguées ont été mises en place par le Seigneur (Luc 17:7-19), et notre responsabilité est de leur obéir.

Autorité et redevabilité

Autorité et redevabilité
Canevas du chapitre 2
L'autorité déléguée dans le gouvernement, le travail, la famille et l'église

1. **Honorer l'autorité dans le gouvernement**
   a. Nous avons besoin de freins pour nous protéger (Romains 13:1-2).
   b. Nous gardons notre conscience lorsque nous obéissons aux autorités (Romains 13:5-7).
   c. Nous devrions obéir même aux autorités mauvaises (Actes 23:3). Honorer leur position, pas leur conduite.

2. **Honorer l'autorité dans notre travail**
   a. Nos professions sont des services envers Dieu (Colossiens 3:22-24).
   b. Notre réel patron est Jésus-Christ, et nous le servons par nos professions lorsque nous travaillons.

3. **Comment Dieu utilise les patrons dans nos vies**
   a. Le fait de se soumettre à l'autorité d'un patron nous enseigne la discipline.
   1 Timothée 6:1-2; 1 Pierre 2:18-21
   b. Jésus et Moïse se sont soumis à l'autorité de leur employeur avant que Dieu ne les utilise puissamment.
   Marc 6:3; Exode 3

4. **Honorer l'autorité dans la famille**
   a. Dieu demande aux enfants d'obéir à leurs parents (Éphésiens 6:1-4), et Il promet une longue vie s'ils le font.
   b. Les parents devraient également honorer leurs enfants (Colossiens 3:21) en les instruisant dans le Seigneur sans les décourager.
   c. Des enfants devraient-ils obéir à leurs parents si ceux-ci leur demandent de faire quelque chose de contraire à la parole de Dieu? (Actes 5:29)

5. **La soumission mutuelle dans la famille**
   a. La soumission mutuelle est un principe biblique qui s'applique aux familles chrétiennes (Ephésiens 5:21-23).
   b. Le mari est responsable de l'équipe familiale (Ephésiens 6:25).

6. **Honorer l'autorité dans l'église**
   a. Les responsables spirituels veillent sur nous (Hébreux 13:17).
   b. Nous devons honorer ces responsables (1 Thessaloniciens 5:12-13).
   c. L'autorité spirituelle et le service vont de pair. Matthieu 20:25-28

7. **Le péché dans la vie d'un responsable spirituel**
   a. Nous ne pouvons pas nous soumettre aveuglément à un responsable qui tombe dans le péché. Nous devrions le confronter (1 Timothée 5:19-20).
   b. Ceux qui sont en autorité au-dessus de lui sont responsables de le discipliner.
   c. S'il y a du péché dans nos vies, des responsables d'église devraient nous discipliner avec amour (1 Corinthiens 5, Galates 6:1, Matthieu 18:17) et nous restaurer pour que nous marchions à nouveau dans la vérité.
   d. Le fait que Dieu nous discipline montre qu'Il nous aime. Hébreux 12:8

**Autorité et redevabilité
Canevas du chapitre 3**

La bénédiction de l'autorité

1. **La soumission à l'autorité amène la protection**
   a. La soumission aux autorités est un commandement de Dieu. Romains 13:1-2
   b. Aucune autorité n'existe qui ne vienne de Dieu. Il les a mises en place pour notre protection. Le fait de nous y soumettre nous protège des erreurs et de l'influence du malin.
   c. Il y a deux forces majeures dans ce monde: la soumission à l'autorité et la rébellion.

2. **La soumission à l'autorité nous aide à apprendre des principes de foi**
   a. La foi du centurion était liée à sa compréhension de l'autorité (Matthieu 8:8-10).
   b. Il comprenait que Christ, qui possède toute autorité, pouvait donner un ordre et sa volonté serait accomplie.
   c. L'acte de se soumettre aux responsables peut libérer la guérison dans nos vies (Jacques 5:14-15).

3. **La soumission à l'autorité forme notre caractère**
   a. Le Seigneur utilise les autorités dans nos vies pour nous transmettre la parole du Seigneur. Sa Parole est comme un feu brûlant qui consume tout ce qui n'est pas de Lui (Jérémie 23:29).
   b. Dieu a placé des autorités dans nos vies pour nous rendre malléables. Il veut que nous soyons motivés pas le fruit de l'Esprit.
   Galates 5:22

4. **La soumission à l'autorité nous aide à nous diriger dans la vie**
   a. Joseph s'est soumis à l'autorité du geôlier même s'il était injustement emprisonné. Le Seigneur l'a par la suite élevé au rang de premier ministre.

b. Jésus s'est soumis à son Père jour après jour (Jean 5:30), cela l'a aidé à recevoir Ses directives pour connaître Sa volonté.

5. **Et si l'autorité est fausse**
   a. Si nous pensons qu'une autorité dans nos vies fait une erreur, nous faisons appel auprès de Dieu (Philippiens 4:6).
   b. Cela crée un précédent pour faire appel auprès des autorités que Dieu a placé dans nos vies.
   Ex: Aaron et Myriam ont accusé Moïse plutôt que de faire appel à son autorité, et un esprit de rébellion est entré dans leurs vies.
   Ex: Daniel a humblement fait appel auprès des autorités en demandant de ne pouvoir manger que certains aliments, et le Seigneur a honoré son appel.
   Daniel 1:8, 12, 13
   c. Si une personne en position d'autorité nous pousse à pécher, nous devons obéir à Dieu plutôt qu'aux hommes (Actes 5:29).

6. **Maintenir une attitude d'amour et de soumission**
   a. Plutôt que de faire appel avec amour et soumission auprès de son autorité spirituelle, Koré et d'autres responsables se sont rebellés contre Moïse (Nombres 16:3). Le sol s'est ouvert et les a avalés.
   b. Nous devons maintenir une attitude d'amour et de soumission envers nos responsables.

7. **Comprendre l'autorité déléguée**
   a. Le fait de comprendre l'autorité déléguée change notre manière de penser.
   Ex: Un homme dans un pays en voie de développement ne payait pas ses impôts à cause du système de collecte inefficace. Il a été convaincu d'obéir aux autorités de son gouvernement et a imaginé une façon de changer le système. Le gouvernement a adopté son idée.
   b. Paul a envoyé Timothée dans l'église de Corinthe avec son autorité déléguée (1 Corinthiens 4:17).

Autorité et redevabilité
Canevas du chapitre 4
La bénédiction de la redevabilité

1. **Qu'est-ce que la redevabilité personnelle?**
   a. La redevabilité consiste à rendre compte aux autres pour ce que Dieu nous a appelés à faire.
   b. L'abus spirituel se produit si une personne en position d'autorité tente de nous contrôler par la «redevabilité». La manipulation est un abus de pouvoir.

2. **Redevable à Jésus d'abord**
   a. Nous sommes premièrement redevables à Jésus pour la façon dont nous vivons notre engagement envers Lui.
   b. Jésus a envoyé Ses disciples et par la suite ils lui ont fait un rapport (Marc 6:7, 30; Luc 10:1, 17).

3. **Redevable aux autres**
   a. La redevabilité, c'est une personne qui nous aime suffisamment pour vérifier comment nous allons et nous aider à rester sur la bonne voie (Romains 15:14). La Bible dit que nous devrions nous exhorter les uns les autres.
   b. Exhorter signifie conseiller et enseigner avec correction.

4. **La redevabilité nous aide à résister à la tentation**
   a. La redevabilité, c'est aussi ne pas avoir peur d'admettre nos faiblesses. Nous pouvons demander à notre partenaire de redevabilité de prier avec nous pour recevoir la guérison (Jacques 5:16).
   b. La redevabilité nous garde de devenir paresseux dans notre relation avec le Seigneur et nous donne une issue quand la tentation frappe à notre porte (1 Corinthiens 10:13)

5. **La redevabilité nous aide dans nos «angles morts»**
   a. D'autres personnes dans nos vies peuvent nous aider avec nos angles morts: maris, femmes, enfants, patrons, responsables d'église (Proverbes 11:14).
   b. Lorsque nous maintenons les autres redevables, nous ne devrions pas juger leurs attitudes mais les encourager et les aider à voir certaines actions qui déplaisent au Seigneur. Nous sommes redevables pour les paroles que nous prononçons (Matthieu 12:36-37).
   c. Pour les étapes de redevabilité dans l'église: Matthieu 18:15-17. L'objectif est de restaurer l'image de Christ.

6. **La redevabilité dans un petit groupe**
   a. Être redevable envers d'autres croyants dans un contexte de petit groupe.
   Hébreux 10:24-25, Ecclésiaste 4:10
   b. Personne ne devrait tenter de vivre sa vie chrétienne tout seul, sans l'encouragement d'autres croyants.

7. **Jésus est notre autorité ultime**
   a. Bien que Dieu utilise une autorité déléguée dans nos vies et qu'il nous demande de nous y soumettre, Dieu est notre autorité ultime, pas les autres personnes.
   b. Jésus nous donne autorité pour vivre des vies surnaturelles et victorieuses (Luc 10:19).
   c. Une compréhension de l'autorité et de la redevabilité apporte la liberté dans nos vies.
   d. Qui sont les autorités que le Seigneur a placées dans votre vie? A qui êtes-vous redevable?

Questions de méditation supplémentaires

Si vous utilisez ce livre comme guide de méditation quotidienne, vous aurez réalisé qu'il y a vingt-huit jours dans cette étude. Selon le mois, vous pourrez avoir besoin des trois études quotidiennes données ci-dessous.

Jour 29
L'autorité déléguée de Dieu

Révisez les quatre premiers jours du chapitre trois et trouvez six bénédictions que nous recevons quand nous nous soumettons à l'autorité déléguée de Dieu. Partagez plusieurs des appris dans ce livret et qui vous ont interpelés. Examinez votre propre vie pour voir si vous vous soumettez aux autorités placées au-dessus de vous.

Jour 30
Êtes-vous sous la couverture de Dieu

Recensez les quatre domaines d'autorité déléguée par Dieu mentionnés dans ce livre. Citez des versets pour chacun de ces quatre domaines. Retracez l'autorité de Dieu jusqu'à vous. Savez-vous qui est au-dessus de vous? Êtes-vous placés sous le parapluie de l'autorité protectrice de Dieu?

Jour 31
Comprendre l'autorité et la redevabilité

Recensez quelques versets qui vous ont aidé à comprendre la redevabilité. Quels versets ou histoires dans ces leçons vous ont aidés à comprendre l'autorité et la redevabilité et votre besoin de vous y soumettre? Développez.

Fondements bibliques 10

La perspective de Dieu sur les finances

Comment Dieu veut-il que son peuple gère l'argent

CHAPITRE 1

Nous sommes des gérants de l'argent de Dieu

VERSET CLÉ À MÉMORISER
Ainsi donc, qu'on nous considère comme des serviteurs de Christ et des administrateurs des mystères de Dieu. Du reste, ce qu'on demande des administrateurs, c'est qu'ils soient trouvés fidèles.
1 Corinthiens 4:1-2

Jour 1

Dieu aime celui qui donne avec joie

Dieu veut nous bénir financièrement! Jean 3:16 nous rappelle que «Dieu a tant aimé le monde qu'il a donné...» Dieu s'est présenté à Abraham dans Genèse 17 comme *El Shaddaï*... le Dieu du *plus qu'assez*. Il a répondu aux besoins d'Abraham pour bénir les nations. Dieu désire satisfaire nos besoins et pourvoir abondamment pour que nous puissions donner aux autres.

De nombreux chrétiens ont une mauvaise compréhension des finances. Ils vous transmettent une impression de devoir ou d'obligation. Donner devrait venir d'un sentiment profond de foi dans la grâce de Dieu (2 Corinthiens 8:1-4): cela ne devrait jamais se faire à contrecœur ou par obligation. *Que chacun donne comme il l'a résolu en son cœur, sans tristesse ni contrainte; car Dieu aime celui qui donne avec joie (2 Corinthiens 9:7).* Un dimanche, un ami chrétien a rendu visite à une de ses connaissances non-chrétiennes pour lui proposer de l'accompagner au culte. Mon ami se souvient combien il a été embarrassé lorsqu'il a réalisé que le but du culte ce dimanche-là était de récolter de l'argent pour l'achat d'un nouvel orgue. Le président a invité les gens à faire des promesses de don —mille dollars, cinq cent dollars ou cent dollars. En fait, toute la réunion a été utilisée pour inciter et pousser les gens à s'engager financièrement. Son ami non-chrétien a été tellement déçu par cette expérience qu'il n'a jamais voulu remettre les pieds à l'église!

L'Ecriture a beaucoup de choses à dire sur l'argent ou les possessions matérielles. Seize des trente-huit paraboles de Jésus traite de l'argent. Un verset sur dix dans le Nouveau Testament aborde ce sujet. L'Ecriture a 500 versets sur la prière, moins de 500 sur la foi, mais plus de 2000 sur le sujet des finances et des possessions matérielles. L'argent est une question centrale, car l'attitude d'une personne à ce sujet est souvent révélatrice de sa relation avec Dieu.

Dieu veut restaurer une compréhension saine des finances dans le corps de Christ aujourd'hui. Soyons ouverts à ce que la parole de Dieu veut nous dire au sujet des finances.

REFLEXION
Pourquoi Dieu veut-il nous bénir financièrement?
Quelle devrait être notre attitude lorsque nous donnons?

Jour 2

Nous ne sommes que des gérants

Premièrement et par dessus tout, nous devons réaliser que tout ce que nous avons appartient à Dieu. Nous ne sommes que des intendants (des gérants) de tout bien matériel que nous pourrions posséder. Dieu possède tout ce que nous avons, mais Il fait de nous ses gérants. *Ainsi, qu'on nous regarde comme des serviteurs de Christ, et des dispensateurs des mystères de Dieu. Du reste, ce qu'on demande des dispensateurs, c'est que chacun soit trouvé fidèle. Qu'as-tu que tu n'aies reçu…? (1 Corinthiens 4:1-2, 7b).*

Lorsque ma femme, LaVerne, et moi servions comme missionnaires, nous avions la responsabilité d'acheter chaque semaine de la nourriture pour les autres missionnaires de notre base. L'argent que nous utilisions n'était pas le nôtre; nous ne faisions que le gérer. Il appartenait à la mission.

J'ai un jour partagé ce principe d'être gérant de l'argent de Dieu à Nairobi, au Kenya, et cela a particulièrement parlé à une des femmes de l'audience. Elle m'a expliqué qu'en tant qu'employée de banque, elle comprenait que même si elle gérait d'énormes sommes d'argent chaque jour, l'argent n'était pas à elle. Il appartenait à la banque. Elle n'était qu'une gérante.

… car tout ce qui est au ciel et sur la terre t'appartient… C'est de toi que viennent la richesse et la gloire… (1 Chroniques 29:11b, 12a).

L'argent est à moi, et l'or est à moi, dit l'Éternel des armées (Aggée 2:8).

Car tous les animaux des forêts sont à moi, toutes les bêtes des montagnes par milliers (Psaume 50:10).

Alors que LaVerne et moi servions comme missionnaires, je conduisais un bus appartenant à la mission, et bien que je me sente responsable de ce bus, je réalisais qu'il ne m'appartenait pas. En fin de compte, il appartenait à Dieu. C'était un bon apprentissage dans la gestion de la propriété d'autrui, similaire à la responsabilité que Dieu nous a donnée en tant que gérants de ses richesses. Tout lui appartient. Nous devons cesser de penser comme des propriétaires, et commencer à penser comme des gérants.

REFLEXION

Quelle est votre responsabilité en tant que «gérant» de l'argent de Dieu (1 Corinthiens 4:2)? Une autre personne vous a-t-elle déjà confié son argent ou ses possessions? Comment vous êtes-vous sentis vis-à-vis de ces choses?

Jour 3
Nous ne pouvons pas servir Dieu et l'argent

Saviez-vous que Dieu lie notre capacité de gestion des finances à notre aptitude à gérer les questions spirituelles? Un jour, Jésus a énoncé quelques principes étonnants à ce sujet. *Celui qui est fidèle dans les moindres choses l'est aussi dans les grandes, et celui qui est injuste dans les moindres choses l'est aussi dans les grandes. Si donc vous n'avez pas été fidèle dans les richesses injustes, qui vous confiera les véritables? Et si vous n'avez pas été fidèles dans ce qui est à autrui, qui vous donnera ce qui est à vous? Nul serviteur ne peut servir deux maîtres. Car, ou il haïra l'un et aimera l'autre; ou il s'attachera à l'un et méprisera l'autre. Vous ne pouvez servir Dieu et Mamon (Luc 16:10-13).*

L'argent, en terme de valeur véritable, est une «petite» chose. Cependant, la fidélité dans les petites choses (l'argent) est révélatrice de notre fidélité dans les grandes choses (les valeurs spirituelles). Jésus disait que ceux qui ne sont pas dignes de confiance dans leur usage des richesses terrestres agiront de même avec les choses spirituelles. Jésus conclut, expliquant que nous ne pouvons pas servir deux maîtres – Dieu et le matérialisme. Il est impossible de prêter allégeance à deux maîtres en même temps.

Être entouré des richesses du monde peut nous donner un faux sentiment de sécurité. Les chrétiens ne doivent pas trop s'accrocher aux possessions matérielles, car elles peuvent facilement nous aveugler et exiger la loyauté de nos cœurs. La façon dont nous gérons nos finances est une réflexion ou un indicateur de l'état de nos cœurs. Le Seigneur est très intéressé par la façon dont nous utilisons nos finances, car il sait que si il peut nous faire confiance dans ce domaine, il pourra aussi nous faire confiance avec les choses spirituelles.

REFLEXION
Pourquoi ne pouvons-nous pas servir Dieu et l'argent?
Comment l'argent peut-il être un «maître» pour nous?

Jour 4
Nous devons nous attendre à une bénédiction financière

Je suis émerveillé de voir comment Dieu prend constamment des risques avec sa création. Lorsqu'il a créé les anges, il a pris un risque. L'archange Lucifer (Satan) a tenté de s'exalter au-dessus du Seigneur, qui a alors dû le jeter hors du ciel (Esaïe 14:12-17). Lorsque Dieu a créé l'humanité, en nous donnant un libre arbitre, il a pris un risque.

Savez-vous que chaque fois que Dieu vous bénit financièrement, il prend un risque? Il prend un risque avec vous et moi lorsqu'il nous demande d'être gérants de ses finances et de ses possessions matérielles, parce que nous pourrions commencer à servir l'argent plutôt que Dieu. Le Seigneur a parfois béni Israël par une prospérité économique comme un signe qu'il accomplissait son alliance. *Souviens-toi de l'Éternel, ton Dieu, car c'est lui qui te donnera de la force pour les acquérir, afin de confirmer, comme il le fait aujourd'hui, son alliance qu'il a jurée à tes pères... (Deutéronome 8:18).* Nous devrions attendre une bénédiction financière du Seigneur. Dieu veut que nous soyons féconds.

Cependant, avec la bénédiction des richesses, le Seigneur nous encourage à être attentifs à ne pas oublier le Seigneur notre Dieu. Dieu sait que nous avons tendance à laisser l'argent devenir notre Dieu. Nous devons nous rappeler que nos vies ne se résument pas à l'abondance des choses que nous possédons... *Gardez-vous avec soin de toute avarice; car la vie d'un homme ne dépend pas de ses biens, fût-il dans l'abondance (Luc 12:15).*

Dans le premier des Dix Commandements, le Seigneur nous demande de «ne pas avoir d'autres dieux devant sa face.» Le dernier commandement nous invite à ne «pas convoiter ce qui appartient à notre prochain.» *Convoiter, c'est désirer avec envie ce qui appartient à quelqu'un d'autre.* Si nous convoitons les bénédictions financières des autres, nous plaçons l'argent au-dessus de Dieu.

Les possessions matérielles ne nous apportent pas la vie. Seule une relation avec Jésus produit la vie! Nous ne devons pas laisser les richesses matérielles nous distraire de notre appel céleste.

REFLEXION
Pourquoi Dieu prend-il un risque en faisant de nous les gérants de ses finances? A quoi devrions nous prendre garde lorsque nous sommes bénis financièrement?

Jour 5
Est-il mieux d'être riche ou d'être pauvre?

Les chrétiens tendent à se répartir en deux camps dans ce qu'ils croient être la perspective divine quant à notre style de vie financier – certains pensent que tous les chrétiens devraient être pauvres tandis que d'autres pensent que tous les chrétiens devraient être riches.

Ceux qui croient que tous les chrétiens devraient être riches pensent souvent que les ressources financières sont un signe clair de la bénédiction divine. Cependant, la «bénédiction» de Dieu ne peut pas systématiquement être assimilée avec l'enrichissement matériel personnel. Elle implique tellement plus! Dieu veut certainement nous bénir financièrement. Il veut nous bénir dans tous les domaines. *Bien-aimé, je souhaite que tu prospères à tous égards et sois en bonne santé, comme prospère l'état de ton âme (3 Jean 1:2).*

Pourtant, si nous croyons, comme c'était le cas des Pharisiens, qu'une grande richesse est un signe de la faveur de Dieu, nous aurons tendance à mépriser des gens qui sont pauvres. Les Pharisiens regardaient Jésus de haut, le considérant comme pauvre financièrement (Luc 16:14). Mais Jésus n'a pas fait de même. En fait, nous voyons que des membres de l'église de Smyrne étaient pauvres, et que Jésus les considérait pourtant comme spirituellement riches (Apocalypse 2:8-10). Même si Dieu souhaite que nous prospérions à tous égards, y compris financièrement, la richesse matérielle ne veut pas nécessairement dire que nous sommes bénis par Dieu. Les chrétiens de Laodicée représentent un cas d'étude. L'Ecriture nous montre qu'ils étaient riches, pourtant ils étaient considérés comme spirituellement «malheureux» (Apocalypse 3:17).

D'un autre côté, de nombreuses personnes sont bénies par Dieu parce qu'elles gèrent leurs finances de façon généreuse. Job était un homme riche et pieux qui n'a pas laissé son argent devenir son dieu (Job 1). Abraham avait aussi une grande richesse et il était très pieux (Genèse 13:2). Avant qu'il ne rencontre Jésus, Zachée était un riche collecteur d'impôts qui se confiait dans ses richesses plutôt que dans le Dieu vivant. Mais après avoir rencontré Jésus, il a redonné quatre fois plus que ce qu'il avait volé aux autres (Luc 19:8).

Dans l'autre camp, et souvent en réaction au pouvoir séducteur de l'argent dans nos vies, certains croyants adoptent le point de vue que tous les chrétiens devraient être pauvres. Ils redoutent souvent l'effet que l'argent peut produire sur eux. Ils ont peur de son influence corruptrice et pensent que l'argent les éloignerait de Dieu. Certains ont peut-être été blessés par des scandales financiers dans l'église et ils considèrent maintenant toute richesse comme ayant une influence négative.

La vérité se trouve quelque part entre ces deux extrêmes: Le Seigneur n'est ni pour ni contre l'argent, qui n'a pas de valeur morale en tant que tel. L'argent est amoral. C'est ce que nous en faisons, et notre attitude envers lui qui le rend moral ou immoral. L'argent n'est pas la racine de tous les maux, comme certaines personnes l'affirment en déformant 1 Timothée 6:10. Dans ce verset, le Seigneur nous avertit du piège que représente l'amour de l'argent. C'est l'amour de l'argent qui est une racine de tous les maux. *Car l'amour de l'argent est une racine de tous les maux; et quelques-uns, en étant possédés, se sont égarés loin de la foi, et se sont jetés eux-mêmes dans bien des tourments (1 Timothée 6:10).*

Nous pouvons tomber dans l'amour de l'argent que nous en ayons beaucoup ou peu. Cela dépend de là où nous plaçons notre affection. Riches ou pauvres, si nous commençons à aimer l'argent, cela va nous conduire sur le chemin de la cupidité et amener beaucoup de souffrance dans nos vies et dans les vies de ceux qui nous entourent.

REFLEXION

L'argent est-il un signe de la faveur de Dieu? L'argent est-il la racine de tous les maux (1 Timothée 6:10)? Alors quelle est la racine de tous les maux?

Jour 6
Le fait de donner nous garde du matérialisme

Bien que Dieu veuille nous bénir matériellement, cela ne devrait pas constituer notre accent. Mais ceux qui veulent s'enrichir tombent dans la tentation, dans le piège, et dans beaucoup de désirs insensés et pernicieux qui plongent les hommes dans la ruine et la perdition (1 Timothée 6:9).

Le Seigneur ne veut pas que nous pensions continuellement à l'argent. Le matérialisme est un attrait pour le matériel plutôt que pour le spirituel. Notre préoccupation première devrait être le royaume de Dieu, pas l'argent. Cependant, il faut de l'argent pour étendre le royaume de Dieu. Nous ne devrions pas être esclaves de l'argent, car le projet de Dieu est que l'argent soit à notre service. L'argent est là pour acheter ce qui est nécessaire à la vie, donner à ceux qui sont dans le besoin et financer la croissance du royaume de Dieu. Cela mérite d'être répété: le but réel de la prospérité divine est d'étendre le royaume de Dieu.

Le fait de donner nous garde du matérialisme, car cela brise le pouvoir de l'argent et l'empêche de devenir une idole dans nos vies. Dieu veut nous bénir afin que nous puissions semer dans son Royaume et aider les pauvres.

Être béni financièrement signifie simplement que nous avons tout ce dont nous avons besoin pour répondre aux besoins de nos vies, et qu'il nous reste abondamment pour donner aux autres. L'objectif d'avoir un métier et de recevoir un salaire devrait être de *... faire de [nos] mains ce qui est bien, pour avoir de quoi donner à celui qui est dans le besoin (Ephésiens 4:28b).*

Quand nous travaillons avec diligence et que nous donnons fidèlement de nos finances, la Bible nous enseigne que Dieu «pourvoira à tous nos besoins selon sa richesse, avec gloire, en Jésus-Christ» (Philippiens 4:19). Il veut répondre à nos besoins et nous permettre de répondre à ceux des autres. Dieu promet de prendre soin de nous. Il veut nous bénir et nous faire prospérer! Que vous soyez un homme d'affaire, un employé, un étudiant ou une femme au foyer, le Seigneur désire vous faire prospérer. Souvenez-vous, Dieu s'est révélé lui-même à Abraham comme *El Shaddaï*... le

Dieu du plus qu'assez. Il a promis de bénir Abraham abondamment, tout comme il désire répondre à nos besoins et nous bénir abondamment en toutes choses aujourd'hui. Le fait de donner nous garde de devenir matérialistes.

REFLEXION
Qu'est-ce qui a tant déplu à Dieu dans ce que Saül a fait? Expliquez la phrase: «L'obéissance vaut mieux que les sacrifices.»

Jour 7
Si nous donnons sacrificiellement, nos propres besoins seront satisfaits

Dans Luc 21, Jésus donne une leçon sur la façon dont Dieu évalue nos dons financiers. Jésus et ses disciples observaient les gens qui mettaient leur offrande dans le tronc du temple. Les riches y plaçaient une grande somme d'argent, car ils pouvaient facilement en disposer, mais une pauvre veuve n'y a déposé que quelques petites pièces. Elle a donné tout ce qu'elle pouvait, et cela lui a demandé un grand sacrifice personnel. Jésus a souligné que cette pauvre veuve a donné davantage que les autres en raison de la dimension du sacrifice que cela lui avait demandé.

Ce n'est pas tant la quantité que nous donnons que la dimension de sacrifice investie. Lorsque nous donnons à partir d'un cœur plein d'amour et de compassion pour les autres, nous allons découvrir que Dieu prendra soin de nos propres besoins, et bien plus encore! Alors que nous donnons généreusement, Dieu promet... *de vous combler de toutes sortes de grâces, afin que, possédant toujours en toutes choses de quoi satisfaire à tous vos besoins, vous ayez encore en abondance pour toute bonne œuvre... Celui qui fournit de la semence au semeur, et du pain pour sa nourriture, vous fournira et vous multipliera la semence, et il augmentera les fruits de votre justice. Vous serez de la sorte enrichis à tous égards pour toute espèce de libéralités qui, par notre moyen, feront offrir à Dieu des actions de grâces.* (2 Corinthiens 9:8, 10-11).

Vous pouvez soit donner au compte-goutte, soit donner généreusement. Vous serez récompensé en fonction... *et l'on vous mesurera avec la mesure dont vous mesurez (Matthieu 7:2b).* Lorsque vous donnez sacrificiellement, Dieu redonne ce que vous avez donné et augmente votre capacité de donner. Plus vous donnez, plus vous êtes bénis, et plus vous pouvez donner. Dieu veut vous bénir financièrement afin que vous ayez en suffisance pour vous-mêmes et bien assez pour partager avec les autres.

REFLEXION
Rappelez-vous de certaines situations où vous avez donné sacrificiellement et où Dieu a pris soin de vos besoins.

CHAPITRE 2

La dîme

VERSET CLÉ À MÉMORISER

Honore l'Éternel avec tes biens, et avec les prémices de tout ton revenu: Alors tes greniers seront remplis d'abondance, et tes cuves regorgeront de moût.

Proverbes 3:9-10

Jour 1

Donner une portion de notre revenu

Le Seigneur nous donne la responsabilité de gérer les ressources qu'il nous a confiées. Il a établi un système pour nous rappeler constamment sa propriété sur toute chose. Cette façon systématique de donner constitue un premier pas pour permettre que nos ressources soient utilisées pour le royaume de Dieu. Dans l'Ancien Testament, les Israélites devaient donner un dixième de tous leurs revenus pour le Seigneur. Le mot hébreu pour dîme signifie dixième. Au cœur de la dîme, nous trouvons l'idée que Dieu est propriétaire de tout. Dieu demandait simplement aux Israélites de lui rendre ce qu'il leur avait donné en premier lieu. *Honore l'Éternel avec tes biens, et avec les prémices de tout ton revenu: Alors tes greniers seront remplis d'abondance, et tes cuves regorgeront de moût (Proverbes 3:9-10).*

Nous honorons Dieu en lui donnant les «premiers fruits», une portion de notre revenu. Cela démontre que nous l'honorons comme Seigneur de toutes nos possessions. La dîme (10%) ouvre la porte pour que Dieu déverse ses bénédictions sur nous. Chaque fois que nous donnons notre dîme, il nous est rappelé que tout notre argent et nos possessions matérielles appartiennent à Dieu. Nous ne sommes que des gérants responsables de ce que Dieu nous a donné. Le mot dîme est mentionné pour la première fois dans Genèse 14:18-20. *Melchisédek, roi de Salem, fit apporter du pain et du vin: il était sacrificateur du Dieu Très Haut. Il bénit Abram, et dit: Béni soit Abram par le Dieu Très Haut, maître du ciel et de la terre! Béni soit le Dieu Très Haut, qui a livré tes ennemis entre tes mains! Et Abram lui donna la dîme de tout.*

Abraham a donné la dîme à Melchisédek avant que la loi de l'Ancien Testament n'ait été écrite. Abraham a honoré le Seigneur et le sacrificateur du Dieu Très Haut Melchisédek avec dix pour cent de ce que le Seigneur lui avait donné. Il avait peut-être appris ce principe d'Abel qui avait offert les premiers-nés de son troupeau au Seigneur.

A la fin de chaque mois, je reçois une pile de factures dont je dois m'acquitter. Une de ces factures est ma facture envers Dieu. Elle s'appelle la dîme, mes «premiers fruits». La dîme me rappelle que tout ce que j'ai lui appartient. J'ai appris à me réjouir de rendre ces dix pour cent au Seigneur. Après tout, Jésus m'a donné les cent pour cent de sa vie en mourant sur la croix. Je lui en suis éternellement reconnaissant!

RÉFLEXION
Pourquoi Dieu demande-t-il une portion de notre revenu?
Que symbolise la dîme?

Jour 2
N'essayez pas de voler Dieu

Lors des émeutes de 1992 à Los Angeles, en Californie, de nombreux commerces et boutiques ont été pillés et saccagés. Un reporter a demandé à un jeune homme ce qu'il avait volé. Il a répondu: «J'ai volé des cassettes de musique chrétienne, parce que je suis chrétien.» Vous pourriez considérer qu'une telle réponse est ridicule. Pourtant, de façon similaire, de nombreux chrétiens volent Dieu en gardant pour eux-mêmes ce qui en réalité appartient au Seigneur – la dîme.

Dans l'histoire de l'Ancien Testament, certains Israélites volaient Dieu en retenant égoïstement l'argent qui appartenait à Dieu. Il leur était demandé de donner au moins un dixième de leur troupeau, du produit de leurs terres et de leur revenu au Seigneur. En plus, il leur était demandé d'apporter d'autres offrandes sous forme de sacrifices ou d'offrandes volontaires. Mais Dieu indique qu'ils refusaient d'entrer dans ce style de vie. *Un homme trompe-t-il Dieu? Car vous me trompez, et vous dites: En quoi t'avons-nous trompé? Dans les dîmes et les offrandes. êtes frappés par la malédiction, et vous me trompez, la nation tout entière! Apportez à la maison du trésor toutes les dîmes, afin qu'il y ait de la nourriture dans ma maison; mettez-moi de la sorte à l'épreuve, dit l'Éternel des armées. Et vous verrez si je n'ouvre pas pour vous les écluses des cieux, si je ne répands pas sur vous la bénédiction en abondance. Pour vous je menacerai celui qui dévore, et il ne vous détruira pas les fruits de la terre, et la vigne ne sera pas stérile dans vos campagnes, dit l'Éternel des armées (Malachie 3:8-11).*

Lorsque le peuple a demandé à Dieu en quoi ils l'avaient trompé, le Seigneur a répondu clairement: «Dans les dîmes et les offrandes.» Remarquez qu'il ne demande pas simplement d'apporter les «dîmes», mais aussi les «offrandes». Nous parlerons davantage des offrandes au chapitre 3.

Beaucoup de personnes dans le peuple de Dieu aujourd'hui volent Dieu de la même manière. Le Seigneur nous a promis que si nous lui obéissons et que nous apportons nos dîmes dans la maison du trésor, il ouvrira pour nous les écluses des cieux, répandra la bénédiction sur nous en abondance et «menacera celui qui dévore». De nombreuses personnes luttent financièrement parce que le diable les vole et les dévore. L'ennemi n'a pas été menacé par le Seigneur parce que les gens ne donnent pas leur dîme à la maison du trésor.

Nous sommes bénis lorsque Dieu menace celui qui dévore quand nous donnons la dîme. Cependant, notre motivation première pour donner la dîme ne devrait pas être de recevoir quelque chose en retour de la part de Dieu. Notre motivation première pour donner la dîme devrait être d'obéir – à Dieu et à sa Parole.

J'ai connu des gens qui m'ont dit que lorsqu'ils ont commencé à donner leur dîme, l'ennemi les a attaqué, et ils se sont retrouvés dans une situation financière pire qu'avant. L'ennemi peut nous tester lorsque nous obéissons à la parole de Dieu. Quand Jésus a été baptisé, les cieux se sont ouverts et le Seigneur a dit: «Celui-ci est mon Fils bien-aimé, en lui j'ai mis toute mon affection.» Pendant les quarante jours qui ont suivi son baptême, Jésus a été testé par l'ennemi. Il y aura toujours des tests; cependant, si nous tenons ferme, nous allons recevoir la bénédiction qui vient de l'obéissance. Les promesses de Dieu sont toujours vraies!

Lorsque j'étais missionnaire, l'ennemi m'a testé dans le domaine de la dîme. «Tu as donné toute ta vie à Dieu,» m'a-t-il dit, «comment le Seigneur peut-il te demander de lui donner une dîme à partir du petit montant d'argent que tu reçois?» Par la grâce de Dieu, j'ai refusé les mensonges de l'ennemi et j'ai commencé à donner la dîme du petit soutien financier que le Seigneur avait permis que je reçoive. Il nous a bénis encore et encore de façon surnaturelle alors que nous servions sur le champ missionnaire. Il honore sa Parole.

REFLEXION

Qu'est-ce que Dieu nous promet dans Malachie 3 si nous apportons nos dîmes à la «maison du trésor»?

Jour 3

La dîme est une facture pour Dieu

La dîme est une expression numérique qui nous rappelle que tout ce que nous avons appartient à Dieu. Il y a quelques années, je lisais le livre de Malachie et j'ai été convaincu par le Seigneur dans le domaine de la dîme. J'ai vérifié mes paiements, et j'avais toute une série de factures en attente. En fait, une des factures que j'avais de la peine à payer était ma facture pour Dieu. Chaque mois, ma facture pour Dieu augmentait. Je ne donnais pas ma dîme parce que je pensais que je n'avais pas assez d'argent pour la payer.

Un jour, j'ai pris la décision d'obéir à Dieu. Lorsque j'ai reçu mon salaire suivant, j'ai payé toutes mes dîmes à Dieu. Quelques temps plus tard, j'ai pris conscience qu'il s'était produit quelque chose de surnaturel après mon pas d'obéissance. Mon argent semblait durer plus longtemps! Le Seigneur a commencé à pourvoir financièrement pour nous, souvent de manière surnaturelle. Cela ne s'est pas passé du jour au lendemain, mais Dieu a commencé à nous bénir d'une nouvelle manière, et celui qui dévore a été menacé.

Certaines personnes disent: «Je ne peux pas me permettre de donner la dîme.» La vérité, c'est qu'ils ne peuvent pas se permettre de ne pas la donner. La dîme, c'est de l'argent mis à part pour Dieu. Si nous ne le donnons pas à Dieu, celui qui dévore va le consumer. Relisons ce que le Seigneur dit dans sa Parole quand il promet de menacer celui qui dévore lorsque nous donnons nos dîmes et nos offrandes dans la maison du trésor. *Pour vous je menacerai celui qui dévore, et il ne vous détruira pas les fruits de la terre, et la vigne ne sera pas stérile dans vos campagnes... (Malachie 3:11).*

Le mot *dévorer* dans le texte hébreu original *signifie manger, brûler* ou consumer. A l'époque de Malachie, le peuple de Dieu passait par la famine, la pénurie, une météo épouvantable et une invasion d'insectes qui mangeaient les fruits de la terre. D'après le verset ci-dessus, l'ennemi peut dévorer nos bénédictions lorsque nous choisissons de ne pas obéir aux principes de Dieu. Lorsque nous nous écartons du parapluie de protection que constitue l'obéissance à la parole de Dieu au sujet de la dîme, cela donne à l'ennemi un droit légal pour dévorer nos bénédictions.

D'après le dictionnaire Webster, *une dîme représente dix pour cent du revenu d'une personne payée comme un impôt à l'église.*

Lorsque vous payez vos impôts au gouvernement, avez-vous envie de les payer? Avons-nous envie de donner notre dîme à Dieu? Bien sûr que non. Que nous ayons envie ou non de donner la dîme n'est pas la question. Nous devons donner la dîme par obéissance envers lui.

Imaginez que vous alliez à la banque pour rembourser un prêt ou une hypothèque. Comment le banquier va-t-il réagir lorsque vous payez? Va-t-il vous taper dans le dos et vous exprimer combien il est reconnaissant que vous soyez venu pour rembourser vos dettes? Non, et nous ne devrions pas nous attendre à ce que Dieu nous tape dans le dos lorsque nous donnons la dîme. Nous ne lui faisons pas une faveur particulière. Cet argent lui appartient de toute façon. Donner la dîme est notre responsabilité, et nous le faisons par obéissance.

REFLEXION
Qui va dévorer notre argent si nous ne donnons pas la dîme? Comment avez-vous expérimenté les bénédictions de Dieu en donnant la dîme?

Jour 4
Donner systématiquement

Le Seigneur veut que nous apprenions à donner systématiquement comme les croyants étaient encouragés à le faire dans 1 Corinthiens 16:2. *Que chacun de vous, le premier jour de la semaine, mette à part chez lui ce qu'il pourra, selon sa prospérité, afin qu'on n'attende pas mon arrivée pour recueillir les dons.*

Certains croyants disent «suivre les directives de l'Esprit» pour savoir s'ils vont donner leur dîme ou non. C'est comme si vous appeliez votre compagnie d'électricité en disant: «Je ne suis pas sûr de payer ma facture ce mois. Peut-être le mois prochain. Je verrai ce que l'Esprit me montre.» Si vous ne payez pas, la compagnie va vous débrancher du réseau. Nous devons toujours suivre le Saint-Esprit dans le cadre que la parole de Dieu nous donne. Elle nous enseigne à donner notre dîme systématiquement comme un acte d'obéissance, pas juste quand nous en avons envie.

Imaginer que vous appeliez votre employeur pour lui dire: «Je reviendrai travailler quand le Saint-Esprit me le montrera.» Devinez ce qui se passerait? Vous perdriez certainement votre travail! Le même principe s'applique lorsque nous donnons au Seigneur de façon systématique. Oui, nous devrions suivre le Saint-Esprit pour tout don qui va au-delà, en plus de notre dîme régulière. Cependant, notre Dieu est un Dieu d'ordre et de discipline. Il nous instruit de donner notre dîme de façon systématique afin que nous n'ayons pas à «rattraper notre retard» dans nos dons parce que nous ne l'avons pas fait de façon régulière.

Certains croyants disent: «Je vais prier par rapport à cette question de la dîme.» C'est un peu comme prier pour savoir si nous devrions oui ou non lire la Bible régulièrement ou si nous devrions faire partie d'une église locale. Ces principes sont clairs dans la parole de Dieu, tout comme celui de la dîme.

On m'a un jour posé cette question: «Devrions-nous donner la dîme de notre salaire net (qui représente le salaire brut moins les impôts et les déductions) ou de notre salaire brut (le salaire tel que nous le recevons)?» Lorsque nous payons nos impôts au gouvernement, est-ce que nous le faisons à partir de notre salaire net ou de notre salaire brut? Nous les payons en fonction de ce que nous recevons (le montant brut). En tant que chrétiens, nous devrions désirer redonner à Dieu tout ce qui nous est possible à cause de ce que Jésus-Christ a fait pour nous. Souvenez-vous, donner la dîme n'est pas une option. C'est un acte d'obéissance à Dieu. C'est un privilège de rendre à Dieu ce qui lui appartient déjà.

REFLEXION
Pourquoi est-il important de donner systématiquement?
Qu'est-ce que cela nous enseigne?

Jour 5
Les attitudes envers la dîme

Certains chrétiens pensent parfois que la dîme n'est qu'une doctrine de l'Ancien Testament. Le Dr. Bill Hamon dit: «Un principe divin dans l'interprétation biblique, c'est que tout ce qui a été établi dans l'Ancien Testament reste d'actualité en tant que principe ou en tant que pratique à moins que le Nouveau Testament ne nous indique clairement qu'il est aboli. Par exemple, la dîme a été établie dans l'Ancien Testament, mais comme il n'est rien dit dans le Nouveau Testament pour l'abolir, elle constitue toujours une pratique adéquate pour les chrétiens.» [1]

La perspective de Dieu sur les finances

Jésus confirme le principe de la dîme dans le Nouveau Testament. Cependant, il ne veut pas que nous donnions la dîme dans la même attitude que les scribes et les Pharisiens dans Matthieu 23:23. Le Seigneur a repris sévèrement leur attitude dans ce domaine. *Malheur à vous, scribes et pharisiens hypocrites! parce que vous payez la dîme de la menthe, de l'aneth et du cumin, et que vous laissez ce qui est plus important dans la loi, la justice, la miséricorde et la fidélité: c'est là ce qu'il fallait pratiquer, sans négliger les autres choses.*

Les Pharisiens religieux apparaissaient spirituels et pieux, mais leur cœur n'était pas droit devant Dieu. Ils donnaient la dîme même de la plus petite feuille de menthe, mais leurs cœurs étaient égoïstes et durs.

Le Seigneur affirme que nous devons donner la dîme aujourd'hui, mais il se préoccupe de notre attitude alors que nous la donnons. Dans l'Ancien Testament, le peuple de Dieu donnait la dîme parce que la loi l'exigeait. Mais depuis le Nouveau Testament, nous devrions donner la dîme parce que le Seigneur a changé nos cœurs. C'est un privilège de pouvoir lui redonner la dîme. Nous le faisons comme un acte d'amour pour Dieu et de générosité envers les autres.

Imaginons que vous me demandiez de venir vivre dans votre maison. La seule condition est que chaque mois je devrai payer dix pour cent de toutes les choses que vous m'aurez données. Vous remplissez le réfrigérateur, mettez de l'essence dans la voiture et pourvoyez à tous mes besoins. Il serait ridicule pour moi de commencer à penser que tout m'appartient. Rien n'est à moi, car tout est à vous. C'est de cela qu'il s'agit quand nous parlons de la dîme. L'objectif du Seigneur à travers la dîme est de nous rappeler que tout ce que nous avons lui appartient.

REFLEXION
Quelle est votre attitude lorsque vous donnez à Dieu?
Qu'apprenez-vous au sujet de la dîme?

1 Dr. Bill Hamon, *Prophets and The Prophetic Movement* (Shippensbug, PA: Destiny Image Publishers, 1990), p. 197.

Jour 6

Dieu pourvoira

Quand nous reconnaissons que tout ce que nous sommes et possédons appartient au Seigneur, il devient plus facile pour nous de lui faire confiance pour qu'il pourvoie pour nous lorsque nous donnons la dîme. Même si nous n'avons pas grand chose, Dieu pourvoira quand nous lui donnons. Le fait de donner tend à libérer nos finances. Apprenons encore un principe de l'histoire de la veuve qui a donné deux pièces (un quart de sou, soit quelques centimes) dans le trésor du temple. Elle a donné de son nécessaire, en réalité bien plus que les autres qui ont mis de larges sommes, parce qu'elle a donné tout ce qu'elle avait. *Alors Jésus, ayant appelé ses disciples, leur dit: Je vous le dis en vérité, cette pauvre veuve a donné plus qu'aucun de ceux qui ont mis dans le tronc; car tous ont mis de leur superflu, mais elle a mis de son nécessaire, tout ce qu'elle possédait, tout ce qu'elle avait pour vivre (Marc 12:43-44).*

Dieu connaît nos cœurs et il honore notre obéissance lorsque nous donnons la dîme. Cela peut sembler un sacrifice, mais sur le long terme, cela nous aide à devenir maîtres de notre argent au lieu que ce soit lui qui règne sur nous.

Qu'en est-il de ceux qui ne peuvent pas donner la dîme? Par exemple, si votre conjoint n'est pas converti, vous vous retrouvez face à un dilemme. Il ou elle ne veut peut-être pas que vous donniez la dîme. Si un conjoint n'est pas d'accord de donner la dîme, vous ne pouvez pas donner quelque chose qui ne vous appartient pas. Si vous êtes copropriétaire d'un restaurant, vous ne donnerez pas la dîme de l'entier du bénéfice, car la moitié appartient à l'autre propriétaire. De la même façon, vous ne devriez pas donner l'argent de votre famille contre la volonté de votre conjoint.

Voici quelques recommandations: Demandez à votre conjoint dans la foi. Vous pourriez dire par exemple: «Puis-je donner un peu d'argent à l'église sur une base régulière?» Priez et laissez le Saint-Esprit travailler son cœur. Demandez au Seigneur de l'argent personnel à partir duquel vous pourrez donner la dîme. Peut-être gagnez-vous un peu d'argent occasionnel grâce à des travaux accessoires – vous pouvez donner la dîme de cet argent personnel. Souvenez-vous, Dieu regarde au cœur et il honore notre obéissance, quelle que soit le montant de notre dîme.

La perspective de Dieu sur les finances

REFLEXION

Expliquez en quoi la pauvre veuve a donné davantage que les riches dans le trésor du temple. Croyez-vous que Dieu va répondre à vos besoins lorsque vous donnez la dîme?

Jour 7
Où devrait aller la dîme?

Où devrions-nous donner la dîme? Comme nous l'avons appris auparavant, Malachie 3:10a nous dit: *Apportez à la maison du trésor toutes les dîmes, afin qu'il y ait de la nourriture dans ma maison...*

D'après ce verset, toutes les dîmes devraient être apportées à la maison du trésor. La maison du trésor, c'est le lieu où la nourriture spirituelle est conservée pour bénir ceux qui nous conduisent, qui nous nourrissent et qui nous équipent pour le ministère. Dans l'Ancien Testament, les Lévites et les prêtres étaient responsables de conduire et de nourrir spirituellement le peuple de Dieu. La dîme finançait le travail de ceux qui étaient mis à part pour un service auprès du Seigneur et de son peuple. Les Lévites étaient dépendants de la fidélité du peuple de Dieu au travers de la dîme pour leur soutien financier. *Je donne comme possession aux fils de Lévi toute dîme en Israël, pour le service qu'ils font, le service de la tente d'assignation (Nombres 18:21).*

Comme l'Ancien Testament est un «type» et une «ombre» du Nouveau Testament, le principe de où devrait aller notre dîme s'applique également dans le Nouveau Testament. Nous devrions donner la dîme dans la maison du trésor de nos responsables spirituels, car ils sont appelés par le Seigneur au service de la Parole pour nous encourager.

Les responsables d'église sont appelés à «équiper les saints pour l'œuvre du service» (Éphésiens 4:11-12). Ils ont besoin d'être soutenus financièrement afin d'avoir suffisamment de temps à consacrer à la prière et à l'enseignement de la parole de Dieu en faveur des saints placés sous leur responsabilité. Dans Actes 6:4, les responsables de l'église primitive savaient que leur responsabilité était de «s'appliquer à la prière et au ministère de la parole.»

Un homme m'a dit une fois: «Je donne ma dîme là où je vois un besoin.» Cet homme ne le réalisait pas, mais il ne donnait pas une dîme, il donnait une offrande. Une offrande, c'est tout ce que nous donnons au-delà des dix pour cent. Les dîmes représentent les premiers dix pour cent de notre revenu donnés dans la maison du trésor pour assurer le financement de ceux qui équipent et prennent la responsabilité spirituelle des saints dans l'église locale. *Que les anciens qui dirigent bien soient jugés dignes d'un double honneur, surtout ceux qui travaillent à la prédication et à l'enseignement (1 Timothée 5:17).* Le mot honneur fait référence au don financier pour ceux qui travaillent parmi nous dans la supervision spirituelle, la prière, l'enseignement et la formation dans la parole de Dieu.

Maintenant que nous savons ce qu'est une dîme et où nous devrions la donner, nous allons examiner au chapitre suivant l'importance de pouvoir donner tant la dîme que des offrandes.

REFLEXION
Qui devrait être financé à partir de la «maison du trésor»?

CHAPITRE 3

Donner tant la dîme que les offrandes

VERSET CLÉ À MÉMORISER

Car là où est ton trésor,
là aussi sera ton cœur.

Matthieu 6:21

Jour 1

La différence entre la dîme et une offrande

Comme nous venons de l'apprendre dans le dernier chapitre, nous devons pourvoir aux besoins de ceux qui veillent sur nous spirituellement en leur apportant notre dîme. Lorsque nous donnons notre dîme dans la maison du trésor (l'église locale où nous sommes nourris spirituellement), nous prenons soin des besoins de nos responsables spirituels. Galates 6:6 dit que ceux qui reçoivent la parole de Dieu devraient pourvoir au soutien matériel de leurs instructeurs. *Que celui à qui l'on enseigne la parole fasse part de tous ses biens à celui qui l'enseigne.*

Les versets 7-10 du même chapitre poursuivent en disant que si nous refusons de soutenir ces responsables fidèles, nous semons l'égoïsme et récoltons la destruction. Mais si nous donnons à ces leaders, cela fait partie *de «pratiquer le bien envers tous, et surtout envers les frères en la foi.»* Les responsables fidèles dans nos églises sont dignes de notre soutien, et nous faisons bien de les soutenir (1 Corinthiens 9:14; 3 Jean 6-8; 1 Timothée 5:18).

Notre dîme donnée à notre église locale devrait être la priorité dans nos dons. Pourtant, la dîme ne constitue que la première étape. Nous devons apprendre à donner au-delà de la dîme à de nombreuses causes dignes d'être soutenues. Les «offrandes» représentent tout ce qui dépasse les dix pour cent. Nous devrions donner des offrandes à de nombreux endroits et pour de nombreuses causes aussi bien à l'intérieur qu'à l'extérieur de l'église locale.

En tant que chrétiens, nous avons une responsabilité de donner aux pauvres et aux nécessiteux, en particulier à l'intérieur de l'église. Nous sommes encouragés à démontrer une préoccupation pour les pauvres. Jésus s'attendait à ce que son peuple donne généreusement aux pauvres. Proverbes 28:27 nous dit: *Celui qui donne au pauvre n'éprouve pas la disette…*

De plus, nous devrions également donner à ceux qui nous nourrissent spirituellement en dehors de notre église locale – que ce soit par un livre, un ministère télévisé ou un autre ministère paraecclésiastique. Ce sont certains des endroits où nous pouvons donner nos offrandes.

J'ai entendu certains enseignants bibliques dire à la radio: «Ne m'envoyez pas vos dîmes; envoyez-moi vos offrandes – ce qui dépasse les dix pour cent. Vos dîmes appartiennent à votre église locale.» Je crois que ces enseignants bibliques discernent correctement l'Ecriture quant à la différence entre les dîmes et les offrandes.

REFLEXION
Quelle est votre responsabilité envers celui (ceux) qui vous enseigne(nt) (Galates 6:6)? Avec vos propres mots, expliquez la différence entre une dîme et une offrande.

Jour 2
Le cœur et l'argent sont importants

Nous attribuons en général nos finances aux domaines les plus importants de nos vies. Matthieu 6:21 dit que là où nous plaçons notre argent, là sera notre cœur. *Car là où est ton trésor, là aussi sera ton cœur.*

Les richesses peuvent exiger toute la loyauté de notre cœur. C'est la raison pour laquelle Dieu nous dit que nous devons décider dans nos cœurs de servir Dieu et non l'argent dans Matthieu 6:19-24. Les gens qui placent leur argent en bourse consultent immédiatement les marchés dès qu'ils reçoivent le journal. Pourquoi? Parce que c'est là que se trouve leur intérêt; ils se soucient de leurs finances et de ce qu'elles rapportent. Les lieux où nous donnons notre dîme et nos offrandes montrent à quoi nous accordons de la valeur.

Comme le Seigneur nous appelle à soutenir fidèlement notre église locale, il est important que nous placions nos dîmes dans la maison du trésor de l'église locale. Nous encourageons le peuple de Dieu impliqué dans notre église à donner fidèlement leur dîme dans l'obéissance au Seigneur, car lorsque nous donnons la dîme dans notre église locale, nos cœurs sont avec le peuple de Dieu et avec ceux qui servent au milieu de nous. Par conséquent, le don de la dîme est une question de cœur – pas de loi. Si nous avons décidé dans nos cœurs de donner à notre église locale et à ses responsables, nous donnerons notre dîme avec joie dans la maison du trésor de notre église.

Donner la dîme démontre notre confiance en nos responsables. Lorsque nous ne sommes pas prêts à donner notre dîme, nous commençons, même sans le réaliser, à semer le manque de confiance. La dîme est un test de confiance; confiance en notre Dieu et confiance en ceux que le Seigneur a placé en responsabilité spirituelle sur nos vies.

REFLEXION
Que nous dit Matthieu 6:21 sur nos cœurs?
Pourquoi la dîme est-elle une question de cœur et non de loi?

Jour 3
Donner la dîme – un test de confiance

Faisons le point. La dîme, comme nous l'avons appris, représente dix pour cent de notre revenu – un rappel que tout ce que nous avons appartient au Seigneur. Les offrandes sont des dons que nous faisons à Dieu, à son peuple et à son œuvre, qui vont au-delà des dix pour cent de la dîme. Tout comme le non-pardon ouvre la porte au tourmenteur pour apporter dépression et confusion dans la vie des gens (Matthieu 18:34-35), le fait de voler Dieu de la dîme ouvre la porte pour que l'ennemi nous dévore. Nous devons faire confiance à Dieu et soutenir son œuvre par nos dîmes, selon Malachie 3:10b. *Mettez-moi de la sorte à l'épreuve, dit l'Eternel...*

Dieu parle de foi et de confiance lorsqu'il nous demande de donner la dîme dans la maison du trésor, le lieu où on gardait les ressources financières pour les Lévites locaux. Le peuple de Dieu donnait dans la maison du trésor dans une attitude de foi, car ils faisaient confiance aux Lévites pour distribuer l'argent de manière adéquate. Aujourd'hui, le même principe s'applique: la dîme va à la maison du trésor de l'église locale pour répondre aux besoins des responsables spirituels qui équipent et encouragent l'église. Le plan de Dieu est que ceux qui nous nourrissent et nous dirigent spirituellement soient soutenus par les dîmes. *Si nous avons semé parmi vous les biens spirituels, est-ce une grosse affaire si nous moissonnons vos biens temporels. Si d'autres jouissent de ce droit sur vous, n'est-ce pas plutôt à nous d'en jouir? Mais nous n'avons point usé de ce droit; au contraire, nous souffrons tout, afin de ne pas créer d'obstacle à l'Évangile de Christ. Ne savez-vous pas que ceux qui remplissent les fonctions sacrées sont nourris par le temple, que ceux qui servent à l'autel ont part à l'autel? De même*

La perspective de Dieu sur les finances

aussi, le Seigneur a ordonné à ceux qui annoncent l'Évangile de vivre de l'Évangile.

Vous vous demandez peut-être: «Où le pasteur (ou l'ancien principal) devrait-il donner sa dîme?» Dans certaines églises, le pasteur donne la dîme dans la maison du trésor de ceux qui le supervisent, l'encouragent et envers lesquels il est redevable. Il s'agit souvent d'une équipe de responsables spirituels dans la dénomination ou la communion d'églises de ce pasteur.

REFLEXION
En quoi la confiance fait-elle partie du don de la dîme?

Jour 4
Une question à poser: Donnez vous la dîme?

Malachie 3:8-12 pose cette question: «Avez-vous volé Dieu?» En général, nous répondons de la manière suivante: «Qui, moi? Comment pourrais-je faire cela?» Puis le Seigneur nous le montre – «dans les dîmes et les offrandes?» Donnez-vous la dîme? Si ce n'est pas le cas, d'après les Ecritures, vous volez ce qui appartient à Dieu. Aujourd'hui est un bon jour pour se repentir et commencer à donner la dîme en obéissance à la parole de Dieu.

Peut-être désobéissez-vous au Seigneur en retenant vos dîmes et vos offrandes parce que vous avez eu de mauvaises expériences dans le passé. Un jeune homme provenant d'un foyer brisé ne voudra peut-être pas se marier à cause du mauvais exemple vu chez ses parents en tant qu'enfant. Pourtant, le mariage reste un merveilleux projet selon le cœur de Dieu. Même si vous avez vécu de mauvaises expériences dans des églises où l'argent a été mal utilisé, cela reste le plan de Dieu que nous donnions notre dîme et nos offrandes dans notre église locale. Nous devons aller de l'avant… *oubliant ce qui est en arrière et me portant vers ce qui est en avant, je cours vers le but… (Philippiens 3:13-14a).*

Le Seigneur vous honorera en menaçant celui qui dévore et en ouvrant les écluses des cieux. Vous trouverez aussi un nouveau sens de confiance envers Dieu et envers les responsables spirituels qu'il a placés dans votre vie pour vous servir.

REFLEXION
Si nous volons Dieu, que devrions-nous faire?
Si nous avons eu de mauvaises expériences dans le passé, à quoi Philippiens 3:13-14 nous encourage-t-il?

Jour 5
Donnez-vous la dîme dans la maison du trésor?

Après que Dieu ait indiqué aux Israélites dans Malachie 3 où donner leur dîme – à la maison du trésor, il promet de déverser une immense bénédiction s'ils sont obéissants... *Et vous verrez si je n'ouvre pas pour vous les écluses des cieux, si je ne répands pas sur vous la bénédiction en abondance (Malachie 3:10b).*

Dieu veut nous bénir, mais nous devons donner notre dîme là où il nous le demande – dans la maison du trésor. Donnons-nous notre dîme, mais en dehors de notre famille d'église? Ce serait comme si nous allions manger un hamburger au McDonald's et que nous le payions au Burger King! Dans l'Ancien Testament, lorsque la dîme n'était pas versée dans la maison du trésor, les Lévites ne pouvaient pas remplir leur fonction. Il en est de même aujourd'hui. Dans certaines parties du corps de Christ, les pasteurs et autres responsables spirituels ont des difficultés financières parce que les dîmes ne sont pas versées dans les assemblées dans lesquelles ils servent. Par conséquent, ils n'ont pas suffisamment de temps pour servir le peuple de Dieu de manière adéquate, parce qu'ils doivent se soutenir financièrement comme des «faiseurs de tentes» (commerces ou entreprises). L'ennemi peut dévorer le peuple de Dieu à cause de sa désobéissance. Bien sûr, certains leaders, comme l'apôtre Paul, choisissent d'être faiseurs de tentes, et c'est tout à fait acceptable et encouragé si le Seigneur les a conduits dans cette direction.

Où donne-t-on nos dîmes en dehors de la maison du trésor (notre église)? Par exemple, certaines personnes les donnent à des ministères para-ecclésiastiques, à des missionnaires, à des évangélistes ou à d'autres ministères. Bien que beaucoup de ces personnes et de ces ministères soient des hommes et des femmes de Dieu recommandables et qu'ils aient besoin de notre soutien financier, selon ma compréhension des Ecritures, ils devraient être soutenus par des offrandes, non par des dîmes. Si nous leur donnons

La perspective de Dieu sur les finances

nos dîmes, cela peut ouvrir la porte à l'incrédulité et au manque de confiance dans notre église locale. La dîme devrait être apportée dans la maison du trésor de notre église locale pour qu'elle soit distribuée pour soutenir ceux qui nous encouragent spirituellement et nous équipent pour le service.

Pour clarifier une «incompréhension courante au sujet de la dîme,» David Wilkerson, fondateur de Teen Challenge et pasteur de l'église Time Square à New York City, a écrit dans sa lettre de nouvelles il y a quelque temps: «Au sujet de ma récente déclaration encourageant à envoyer vos dîmes à notre ministère, j'ai reçu près de 35 lettres, beaucoup de la part de pasteurs, me rappelant avec amour que les dîmes appartiennent à l'église locale. Je suis entièrement d'accord. J'aurais du clarifier mon propos. Nous avons un certain nombre de personnes dans notre liste d'envoi qui ne fréquente pas une église, parfois parce qu'elle a été fermée ou qu'ils n'en ont pas encore trouvé une qui leur corresponde… Les croyants ont vraiment besoin de trouver une église locale et de la soutenir. Jusque là, cependant, mes messages sont souvent la seule nourriture spirituelle pour certaines personnes. Mais de plus en plus, ceux qui soutiennent le ministère sont fidèles pour soutenir leur église locale, et ils nous donnent ce qui va au-delà de leur dîme.»

Une autre question qui revient souvent est la suivante: Donnez-vous votre dîme dans la maison du trésor, mais en la désignant pour un projet ou un besoin particulier au lieu de la donner librement comme dans Malachie 3? Certains croyants sont prêts à donner leur dîme dans la maison du trésor, mais tentent de contrôler l'église en retenant tout ou partie de leur dîme, ou en la désignant pour certains usages seulement. Lorsque nous payons nos impôts, nous ne disons pas au gouvernement d'en dépenser une partie pour l'armée et une autre partie pour refaire le bureau du président ou lui acheter de nouveaux meubles. De même, dans notre église locale, lorsque nous donnons notre dîme dans la maison du trésor, nous devons faire confiance à nos responsables spirituels pour la distribuer d'une manière qui honore le Seigneur.

REFLEXION

Qu'est-ce que Dieu nous promet si nous donnons notre dîme dans la maison du trésor (Malachie 3:10)?

Qu'y a-t-il de faux lorsque nous désignons notre dîme pour des projets particuliers de l'église locale?

Jour 6
Des excuses pour voler Dieu

Il existe de nombreuses raisons pour lesquelles des chrétiens volent Dieu des dîmes et des offrandes qui lui reviennent. Une de ces raisons est simplement **l'ignorance**. *Dieu, sans tenir compte des temps d'ignorance, annonce maintenant à tous les hommes, en tous lieux, qu'ils aient à se repentir (Actes 17:30).* Si vous avez été ignorants quant à cette vérité, vous pouvez vous repentir (vous réaligner) et commencer à obéir à cette vérité spirituelle. Nous servons un Dieu miséricordieux. Il désire nous bénir alors que nous lui obéissons.

Certains membres du peuple de Dieu ne donnent pas leur dîme et donnent des offrandes en **désobéissance délibérée à la parole de Dieu**. Si nous affirmons connaître Dieu, mais que nous ne sommes pas prêts à obéir à sa Parole, les Ecritures nous qualifient de menteurs. Nous devons nous repentir et obéir au Dieu vivant. *Celui qui dit: Je l'ai connu, et qui ne garde pas ses commandements, est un menteur, et la vérité n'est point en lui (1 Jean 2:4).*

Une autre raison pour laquelle certains croyants ne donnent pas de dîmes et d'offrandes est liée à **des dettes personnelles**. La Bible indique dans Galates 6:7 qu'un homme récolte ce qu'il a semé. Le fait de ne pas donner peut faire partie des raisons pour lesquelles cette personne se retrouve dans des dettes. J'ai lu un article sur un homme d'affaire chrétien qui s'est retrouvé avec une dette dix fois supérieure à son salaire annuel. Pourtant, il a obéi au Seigneur et a commencé à donner sa dîme, ainsi que des offrandes sacrificielles. Pendant les quelques années qui ont suivi, il a vu toute sa situation financière se retourner. Dieu l'a fait prospérer et il est devenu pasteur d'une église. Le Seigneur a commencé à l'utiliser pour enseigner les vérités bibliques concernant la dîme et les offrandes à des centaines de personnes dans sa communauté.

Si vous vous retrouvez dans des dettes, cherchez conseil auprès d'un chrétien digne de confiance qui a de la sagesse et de l'expérience dans ce domaine. Vous devrez peut-être développer de nouvelles habitudes pour gérer vos finances de manière saine. Il y a bien des années, un ami chrétien m'a montré comment établir un budget. Gérer mes finances à l'aide d'un budget a été une grande bénédiction pour moi. Un budget ne va pas contrôler nos finances, mais il va nous donner une image claire de là où elles vont et de là où sont les besoins.

Certaines personnes ne donnent pas de dîmes et d'offrandes parce qu'elles pensent qu'elles sont **trop pauvres**. Le Seigneur ne se préoccupe pas de la quantité d'argent que nous donnons; il se soucie davantage de notre attitude par rapport au fait de donner. Même si nous avons peu, nous sommes comme un fermier qui mange ses semences et n'a pas de récolte l'année suivante. Si nous mangeons nos semences (si nous utilisons notre dîme pour quelque chose d'autre que ce à quoi elle devrait être destinée), nous empêchons la bénédiction de Dieu dans nos vies.

Ceci nous amène à une dernière raison pour laquelle de nombreux chrétiens retiennent leur dîme et leurs offrandes. Il ne font simplement **pas confiance à leurs responsables.** Si nous ne faisons pas confiance aux responsables de notre église locale pour gérer les dîmes que nous donnons, nous devons demander au Seigneur la grâce de leur faire confiance. Si nous n'y arrivons pas, nous sommes peut-être dans la mauvaise église. 1 Corinthiens 12:18 nous dit que Dieu nous place dans son Corps selon son bon vouloir. Ce n'est pas l'église de notre choix; c'est l'église de son choix. Nous devons faire partie d'un groupe de croyants où nous trouvons un sens de foi et de confiance dans le leadership que Dieu y a placé.

REFLEXION
Avez-vous déjà eu recours à une des excuses mentionnées dans ce chapitre pour ne pas donner votre dîme? Expliquez.

Jour 7

Recevoir une liberté nouvelle

Si vous ne donnez pas de dîme et d'offrandes, je vous exhorte à commencer aujourd'hui en donnant votre dîme à votre église. Vous recevrez une liberté nouvelle dans votre vie et dans vos relations avec les autres membres de l'église locale dans laquelle vous servez.

Ensuite, demandez à Dieu de vous bénir d'une manière telle que vous puissiez donner des offrandes généreuses à d'autres ministères qui marchent dans l'intégrité. Il y a de nombreux ministères qui méritent de recevoir nos dons et nos offrandes; cependant, assurez-vous de vérifier où vous donnez. Le Seigneur nous tient pour responsables d'exercer notre générosité envers des ministères de bonne réputation. N'ayez pas peur de faire des recherches avant de donner.

Souvenez-vous, donner représente un test de confiance – confiance en notre Dieu qui a promis de menacer celui qui dévore et d'ouvrir les écluses des cieux. Confiance également en nos responsables spirituels dans notre église locale, alors que nous donnons la dîme dans la maison du trésor. Le Seigneur désire nous libérer pour lui apporter notre dîme et nos offrandes avec joie. Et il désire nous bénir alors que ses enfants obéissent à sa voix. Jean 8:36 nous dit: *Si donc le Fils vous affranchit, vous serez réellement libres.*

Que le Seigneur vous bénisse et qu'il ouvre les écluses des cieux pour vous alors que vous marchez dans l'obéissance à ces vérités spirituelles. Dans le dernier chapitre de ce livre, nous allons nous pencher sur la façon de gérer l'argent et les richesses matérielles avec lesquelles le Seigneur nous a bénis.

REFLEXION
Décrivez des façons dont vous avez été libérés pour donner – tant votre dîme que vos offrandes.

CHAPITRE 4

Comment gérer les finances que Dieu a données

VERSET CLÉ À MÉMORISER

Sachez-le, celui qui sème peu moissonnera peu,
et celui qui sème abondamment
moissonnera abondamment.

2 Corinthiens 9:6

Jour 1

Fidèles avec ce que nous avons

Les finances et les possessions que le Seigneur nous a données lui appartiennent. Nous ne sommes que des gérants de ce qu'il nous a confié. 1 Corinthiens 4:2 dit… *Du reste, ce qu'on demande des dispensateurs, c'est que chacun soit trouvé fidèle.*

Dieu nous fait confiance avec son argent. Ainsi les finances et les possessions que nous avons devraient être utilisées pour l'honorer et bâtir son Royaume. Nous devons utiliser ce que Dieu nous a donné avec fidélité.

Le Seigneur veut aussi que nous nous satisfassions des finances qu'il nous donne. Paul dit… *car j'ai appris à être content de l'état où je me trouve (Philippiens 4:11).*

Être content signifie ne plus avoir besoin de se plaindre. Il y a des moments où notre famille a vécu avec très peu de moyens, et d'autres périodes où nous avons été bénis abondamment. Dans les deux cas, Dieu nous a appelés à être contents et à vivre triomphalement au-dessus de nos circonstances changeants.

Aujourd'hui, les gens veulent que leurs besoins et leurs envies soient comblés immédiatement, ce qui les entraîne profondément dans les dettes, achetant des choses dont ils pensent ne pas pouvoir se passer. C'est une erreur financière qui nourrit le mécontentement.

C'est aussi une erreur de vouloir s'enrichir rapidement au lieu de payer le prix de la fidélité et d'obéir à Dieu jour après jour. Ce genre de «mentalité de loterie» ou «d'attente jusqu'à ce que j'aie une percée» constitue en réalité une mentalité de pauvreté. Si nous nous concentrons sur une chance lointaine qui pourrait arriver, nous serons empêchés d'avancer financièrement aujourd'hui. La croissance financière vient pour ceux qui appliquent les principes de Dieu de manière constante et sur le long-terme (Hébreux 6:12).

Souvenez-vous de la parabole des talents (Matthieu 25:14-30). Un homme avait cinq talents et il a été fidèle avec les cinq. Un autre homme en avait deux. Le Seigneur savait qu'il était suffisamment responsable pour gérer deux talents. Le troisième homme n'en a reçu qu'un. Pourquoi Dieu ne lui a-t-il confié qu'un seul talent? Parce que c'était tout ce qu'il était capable de gérer à ce stade. Dieu sait ce que nous pouvons gérer. Lorsque nous sommes fidèles dans ce qu'il nous confie, il nous bénit en nous donnant davantage.

REFLEXION
Quelle est la première exigence d'un bon gérant d'après 1 Corinthiens 4:2)? Pourquoi une mentalité qui cherche à s'enrichir rapidement est-elle négative?

Jour 2
Pourvoir pour nos familles

Le Seigneur veut nous bénir financièrement pour que nous puissions répondre aux besoins de notre famille. *Si quelqu'un n'a pas soin des siens, et principalement de ceux de sa famille, il a renié la foi, et il est pire qu'un infidèle (1 Timothée 5:8).*

Car, lorsque nous étions chez vous, nous vous disions expressément: Si quelqu'un ne veut pas travailler, qu'il ne mange pas non plus (2 Thessaloniciens 3:10).

Un homme a donné sa vie au Seigneur, et il s'est mis en tête de passer tout son temps à témoigner autour de lui. Il était constamment à la plage, évangélisant toute la journée, tandis que sa famille n'avait plus de quoi manger. Il pensait que, d'un certaine manière, Dieu allait pourvoir pour sa famille, vu que lui était occupé à faire «l'œuvre de Dieu». Lorsque ses amis chrétiens l'ont repris et l'ont exhorté à prendre soin de sa famille, il s'est mis sur la défensive. «Est-ce que je ne parle pas de Jésus aux autres? Que pourrait-il y avoir de plus important que cela?» La vérité, c'est qu'il désobéissait à la parole de Dieu. Le Seigneur ne lui demandait pas de sortir témoigner alors que sa famille était négligée. Si Dieu vous appelle à être un missionnaire qui «vit par la foi», il est important de ne pas entrer dans cette vocation aux dépens de votre famille. J'ai eu le privilège de pouvoir proclamer l'Evangile et de former des chrétiens dans différentes parties du monde. Cependant, ma responsabilité première reste ma propre famille. Tout chrétien qui refuse de pourvoir aux besoins de sa famille a renié la foi et est pire qu'un infidèle.

Certaines personnes me disent: «Je veux être impliqué dans un ministère à plein-temps, soutenu par l'église.» Ce désir peut être noble, mais la vérité c'est que tout le monde est impliqué dans un ministère à plein-temps. Si vous travaillez dans le monde séculier, vous êtes dans un ministère à plein-temps. Vous êtes appelé à exercer un ministère sur votre place de travail.

Alors pourquoi travaillons-nous? Est-ce pour gagner de l'argent pour acheter des possessions matérielles coûteuses? Pas du tout. La Bible nous dit que nous travaillons pour donner à celui qui est dans le besoin (Ephésiens 4:28). Cela commence en pourvoyant aux besoins de nos propres familles et en aidant ceux que le Seigneur a placés autour de nous.

REFLEXION
Que nous enseigne 1 Timothée 5:8 quant aux besoins de notre propre famille? Examinez votre vie; êtes-vous motivé à travailler pour les bonnes raisons?

Jour 3
Investir la richesse de notre maître

Comment pouvons-nous investir la richesse de notre Maître pour voir son Royaume bâti d'une manière qui va l'honorer au mieux? Tout d'abord, nous investissons l'argent du Seigneur pour évangéliser le monde. Rappelez-vous l'histoire du fils prodigue. Un père a donné la moitié de ses richesses à son fils qui s'est dépêché de les dépenser. Le jeune homme a fini par revenir, mais cela a coûté à son père la moitié de sa fortune. En d'autres termes, le père a utilisé tout cet argent pour ne voir qu'une âme sauvée. La Bible nous enseigne dans Marc 8:36-37 que nous ne pouvons pas calculer le prix d'une âme. *Et que sert-il à un homme de gagner tout le monde, s'il perd son âme? Que donnerait un homme en échange de son âme?*

Dans notre église, nous encourageons chaque chrétien à soutenir un missionnaire quelque part dans le monde. Pourquoi? D'après la Bible, notre cœur sera là où nous plaçons notre argent (Matthieu 6:21). Et comme Dieu a tant aimé le monde, notre soutien missionnaire garde notre cœur au même endroit que celui de Dieu – pour toucher le monde. L'argent que nous donnons pour soutenir un missionnaire de notre choix n'est pas prélevé sur notre dîme. Il est pris dans les quatre-vingt-dix pour cent qui nous restent – il s'agit d'une offrande. Tout ce que nous donnons au-delà des dix pour cent qui appartiennent au Seigneur est une offrande. En investissant nos offrandes dans la vie d'un missionnaire, nous aidons à investir l'argent du Seigneur pour évangéliser le monde.

Une façon pratique d'investir notre richesse consiste à l'investir dans des actions et des obligations, ou des fonds de placement qui offrent une croissance financière. Comme le serviteur dans la parabole des talents qui a investi avec sagesse, nous allons recevoir des bénéfices lorsque nous faisons de sages investissements. Ce bénéfice peut aider à étendre le royaume de Dieu.

REFLEXION
Comment pouvez-vous gagner le monde entier et perdre votre âme (Marc 8:36)? De quelles façons investissez-vous votre richesse pour le Royaume?

Jour 4
L'argent et les relations

Nous pouvons nous servir de l'argent du Seigneur pour l'honorer et pour bâtir son Royaume en l'utilisant pour bâtir des relations. Jésus a raconté l'histoire d'un intendant qui se fait licencier. Son patron lui dit: «Rends compte de ton administration; car tu vas être licencié.» L'intendant trouve rapidement un homme qui devait à son patron cent mesures d'huile. Il lui dit: «Rembourse-moi cinquante mesures.» Il trouve quelqu'un d'autre qui devait cent mesures de blé et lui dit: «Annule la facture d'origine, et paie-moi quatre-vingt mesures.» Le patron est revenu et a constaté ce que l'intendant avait fait. Au lieu de se mettre en colère, la Bible dit dans Luc 16:8-9 que *le maître loua l'économe infidèle de ce qu'il avait agi prudemment. Car les enfants de ce siècle sont plus prudents à l'égard de leurs semblables que ne le sont les enfants de lumière. Et moi, je vous dis: Faites-vous des amis avec les richesses injustes, pour qu'ils vous reçoivent dans les tabernacles éternels, quand elles viendront à vous manquer.*

L'intendant a été loué par son maître parce qu'il a agi avec perspicacité. Il a utilisé les finances de son maître pour bâtir des relations. Il savait qu'il allait se retrouver sans emploi et qu'il aurait besoin de relations. Bien que cet intendant ait été infidèle, et Jésus n'a jamais cautionné la malhonnêteté, il y a dans cette histoire une vérité à apprendre. Jésus souligne que les enfants de ce siècle sont plus perspicaces que les enfants de Dieu. En d'autres termes, de nombreux non-chrétiens ont appris à utiliser les finances pour bâtir des relations, tandis que dans l'église nous n'avons souvent pas compris ce principe important.

Nous devons utiliser nos finances pour bâtir des relations. Invitez quelqu'un à dîner au restaurant, et vous bâtirez une relation qui va durer pour l'éternité. Un jeune homme m'a dit une fois que lorsqu'il était petit garçon, il a rencontré un chrétien âgé qui lui a offert une crème glacée. Ce dessert à trente-cinq centimes a ouvert son cœur à Dieu, grâce à la relation développée avec cet homme. Savez-vous pourquoi? L'homme utilisait son argent pour bâtir des relations. Faire un gâteau pour votre voisin va aider à bâtir une relation. Inviter quelqu'un chez vous pour l'hospitalité ou pour un repas, c'est utiliser l'argent que le Seigneur vous a confié pour bâtir des relations avec les gens qui vont durer pour l'éternité. La Bible dit dans Matthieu 5:16… *Que votre lumière luise ainsi devant les hommes, afin qu'ils voient vos bonnes oeuvres, et qu'ils glorifient votre Père qui est dans les cieux.*

Nos actions parlent plus fort que nos paroles. La façon dont nous utilisons notre argent peut amener les gens qui nous entourent à tomber amoureux de Jésus-Christ et à s'enager avec lui. Souvenez-vous, Jésus-Christ vit en nous (Galates 2:20). Les gens apprennent souvent à faire confiance à Jésus en apprenant à nous faire confiance.

REFLEXION
Décrivez certaines situations où vous avez utilisé votre argent pour bâtir une relation. Répétez Matthieu 5:16 à haute voix en remplaçant le mot «votre» par «ma». Faites-en votre prière.

Jour 5
Aider les pauvres, c'est comme investir de l'argent dans la banque de Dieu

Tant dans le Nouveau que dans l'Ancien Testament, le Seigneur s'attend à ce que nous aidions les pauvres. Jacques 1:27 dit: *La religion pure et sans tache, devant Dieu notre Père, consiste à visiter les orphelins et les veuves dans leurs afflictions, et à se préserver des souillures du monde.*

Deutéronome 15:7-8 nous encourage: *S'il y a chez toi quelque indigent d'entre tes frères, dans l'une de tes portes, au pays que l'Éternel, ton Dieu, te donne, tu n'endurciras point ton coeur et tu ne fermeras point ta main devant ton frère indigent. Mais tu lui ouvriras ta main, et tu lui prêteras de quoi pourvoir à ses besoins.*

Jésus a expliqué: *Car j'ai eu faim, et vous m'avez donné à manger; j'ai eu soif, et vous m'avez donné à boire; j'étais étranger, et vous m'avez recueilli; j'étais nu, et vous m'avez vêtu; j'étais malade, et vous m'avez visité; j'étais en prison, et vous êtes venus vers moi (Matthieu 25:35-36).*

Puis il a conclu quelques versets plus loin: «*...Toutes les fois que vous avez fait ces choses à l'un de ces plus petits de mes frères, c'est à moi que vous les avez faites.*» En d'autres termes, lorsque notre amour pour Jésus-Christ nous pousse à aider quelqu'un qui souffre, c'est comme si nous servions Jésus lui-même.

Je crois que nous nous tiendrons devant Dieu et qu'il dira: «Tu te souviens de la fois où tu m'as invité chez toi?» ou «Tu te souviens de la fois où tu m'as aidé quand j'avais des difficultés financières?» Chaque fois que nous invitons quelqu'un dans notre foyer ou que nous aidons quelqu'un à cause de Jésus, nous le faisons pour lui.

Si le Seigneur nous a bénis financièrement, c'est afin que nous puissions bénir ceux qui nous entourent. *Celui qui a pitié du pauvre prête à l'Éternel, qui lui rendra selon son œuvre (Proverbes 19:17).*

D'après la Bible, lorsque nous donnons quelque chose à un pauvre, nous plaçons l'argent dans la banque de Dieu – la plus grande banque du monde. Si Dieu vous demande de donner à quelqu'un une certaine somme d'argent, vous investissez littéralement cet argent dans la banque du Seigneur. Le Seigneur va vous payer en retour avec sa bénédiction lorsque vous investissez dans sa banque en donnant aux pauvres.

REFLEXION
Recensez certaines de nos responsabilités envers les pauvres.

Jour 6

Donner librement et volontairement pour répondre aux besoins dans le Royaume

Le Seigneur veut aussi nous bénir afin que nous puissions répondre aux besoins dans le corps de Christ. 2 Corinthiens 8:14 nous dit: *Dans la circonstance présente votre superflu pourvoira à leurs besoins, afin que leur superflu pourvoie pareillement aux vôtres, en sorte qu'il y ait égalité.*

En d'autres termes, lorsqu'une personne est dans l'abondance, il peut pourvoir aux besoins d'un autre. Cela me fait penser à une balance à plateau. Si mon plateau de la balance est trop lourd, il faut enlever un peu du poids de mon plateau et le placer sur votre plateau. Si vous avez trop, vous pourrez donner à quelqu'un d'autre afin qu'il puisse être béni par votre abondance. A son tour, s'il a un surplus financier et que vous passez par une période difficile dans ce domaine, il peut vous aider afin que vous ayez ce dont vous avez besoin.

Il y a suffisamment de ressources dans le corps de Christ pour répondre à tous les besoins qui s'y trouvent. Je ne parle pas d'un type de communisme. Le communisme force les gens et leur impose «l'égalité» sous son influence. Les gens ne devraient jamais être forcés de donner. Dans le royaume de Dieu, le Saint-Esprit suscite dans le peuple de Dieu le désir de donner pour servir ceux qui sont dans le besoin dans le corps de Christ, que ce soit dans nos communautés ou sur le champ missionnaire.

Alors que nous donnons, le Seigneur veut que nous ayons une attitude et des motivations adéquates. 2 Corinthiens 9:7 nous indique quelques attitudes bibliques à considérer lorsque nous donnons. Que chacun donne comme il l'a résolu en son coeur, sans tristesse ni contrainte; car Dieu aime celui qui donne avec joie.

Tout d'abord, donnons avec joie. Je connais une église du Texas, aux Etats-Unis, où les gens sont tellement enthousiastes de donner qu'ils applaudissent et crient de joie à chaque fois qu'une offrande est recueillie.

Dieu nous a appelés à donner librement et volontairement. Matthieu 10:8b dit… Vous avez reçu gratuitement, donnez gratuitement.

Nous ne devrions pas donner à contre-cœur, ou parce que nous nous sentons obligés. Nous devons donner parce que nous le voulons.

Vous demanderez peut-être: «Combien dois-je donner?» Lorsque nous venons à une réunion de notre église locale et qu'une offrande particulière est recueillie, le Seigneur nous donne un sentiment de paix afin que nous puissions savoir combien nous devrions donner. Plus nous grandissons dans le Seigneur et sommes fidèles dans l'habitude de donner, plus nous croissons dans la foi. Encore une fois, nous ne donnons pas à contre-cœur ou parce que nous nous sentons obligés, mais nous donnons parce que c'est une joie de redonner à Dieu ce qui lui appartient déjà.

REFLEXION
Quelle est la différence entre l'égalité de Dieu et l'approche communiste? Racontez une situation où cela a été une joie pour vous de donner.

Jour 7
Donnez et il vous sera donné

Une de mes connaissances, un nouveau chrétien, servait dans l'armée. Un jour, un ami lui emprunta de l'argent et ne lui remboursa jamais son emprunt. Il a beaucoup lutté contre le non-pardon, jusqu'à ce qu'il tombe sur ce verset dans Luc 6:33-35. *Si vous faites du bien à ceux qui vous font du bien, quel gré vous en saura-t-on? Les pécheurs aussi agissent de même. Et si vous prêtez à ceux de qui vous espérez recevoir, quel gré vous en saura-t-on? Les pécheurs aussi prêtent aux pécheurs, afin de recevoir la pareille. Mais aimez vos ennemis, faites du bien, et prêtez sans rien espérer. Et votre récompense sera grande, et vous serez fils du Très Haut, car il est bon pour les ingrats et pour les méchants.* Lorsque nous donnons ou prêtons de l'argent aux autres, nous devons le faire dans une attitude de foi. Qu'il nous soit remboursé ou non, nous devons nous efforcer de garder notre attitude pure et de continuer à aimer, même nos «ennemis».

Dieu nous a appelés à donner dans une attitude de foi. Luc 6:38 dit: *Donnez, et il vous sera donné: on versera dans votre sein une bonne mesure, serrée, secouée et qui déborde; car on vous mesurera avec la mesure dont vous vous serez servis.*

Alors que nous donnons, Dieu dit vouloir nous bénir en nous rendant avec la même mesure dont nous avons donné aux autres. C'est lui qui est responsable de nous bénir. Bien que notre motivation pour donner devrait toujours être par amour pour Dieu, le Seigneur désire nous bénir lorsque nous donnons par obéissance envers lui. Beaucoup ne reçoivent pas les bénédictions financières de Dieu parce qu'ils n'ont pas mis leur foi en action et qu'ils ne s'attendent pas à recevoir l'abondance de Dieu.

Dieu nous appelle aussi à donner généreusement. 2 Corinthiens 9:6 dit: *Sachez-le, celui qui sème peu moissonnera peu, et celui qui sème abondamment moissonnera abondamment.*

Donnons aux autres tout comme Jésus a été fidèle pour nous donner, avec fidélité. Il est néanmoins important de vérifier où nous donnons. Un ami pasteur m'a confié que son église donnait des milliers de dollars à un homme dans un autre pays avant de finir par découvrir que cet homme détournait l'argent de son église pour son usage personnel. Bien sûr, ils ont arrêté de soutenir cet homme. Nous devons nous assurer que nous donnons à des ministères chrétiens de bonne réputation. Il est souvent bon de donner à ceux que nous connaissons personnellement. Nous pouvons leur faire confiance parce que nous les connaissons et voyons un fruit spirituel authentique dans leurs vies.

Et finalement, le désir du Seigneur est que nous prospérions. 2 Corinthiens 8:9 dit: *Car vous connaissez la grâce de notre Seigneur Jésus-Christ, qui pour vous s'est fait pauvre, de riche qu'il était, afin que par sa pauvreté vous fussiez enrichis.*

Jésus-Christ a pris sur lui la malédiction de la pauvreté. Il veut nous bénir spirituellement, relationnellement, physiquement, mentalement et financièrement. Mais souvenez-vous que lorsqu'il nous bénit, il prend un risque. Nous pouvons être amenés à choisir de nous confier dans nos richesses au lieu du Dieu vivant. Il désire nous bénir afin que nous puissions bénir ceux qui nous entourent. Que le Seigneur vous bénisse afin que vous puissiez remplir votre responsabilité de bon gérant des finances qu'il vous a confiées.

REFLEXION
D'après 2 Corinthiens 9:6, comment devrions-nous donner?

La perspective de Dieu sur les finances
Canevas du chapitre 1
Nous sommes des gérants de l'argent de Dieu

1. **Dieu aime celui qui donne avec joie**
   a. Dieu veut nous bénir financièrement (Jean 3:16, Genèse 17).
   b. Donner ne devrait pas être fait à contre-cœur (2 Corinthiens 9:7).
   c. Un verset sur dix dans le Nouveau Testament aborde ce sujet. Notre attitude envers l'argent est souvent révélatrice de notre relation avec Dieu.

2. **Nous ne sommes que des gérants**
   a. Dieu est propriétaire de nos possessions; nous sommes des gérants.
   1 Corinthiens 4:1-2, 7
   Des missionnaires utilisent un véhicule qui appartient à la mission, mais dont on leur a confié la responsabilité.
   b. La propriété de Dieu.
   1 Chroniques 29:11, 12; Aggée 2:8; Psaume 50:10

3. **Nous ne pouvons pas servir Dieu et l'argent**
   a. Dieu associe notre capacité à gérer l'argent à notre capacité à gérer les questions spirituelles (Luc 16:10-13).
   b. Le fait de trop s'accrocher à nos possessions nous trompe et demande la loyauté de nos cœurs. Nous ne pouvons pas servir Dieu et l'argent.

4. **Nous devons nous attendre à une bénédiction financière**
   a. Dieu a béni Israël par des richesses comme signe qu'il accomplissait son alliance (Deutéronome 8:18). Nous devrions nous attendre à une bénédiction financière.
   b. Lorsque Dieu nous bénit financièrement, il prend le risque que nous commencions à servir l'argent plutôt que Dieu (Luc 12:15).

5. **Est-il mieux d'être riche ou d'être pauvre?**
   a. Bien que Dieu veuille nous bénir financièrement (3 Jean 1:2), l'argent n'est pas toujours un signe de la faveur de Dieu, sinon nous aurions tendance à mépriser les pauvres:
   b. De nombreuses personnes sont bénies par Dieu parce qu'elles utilisent leurs finances de façon altruiste.
   c. Les gens qui craignent que l'argent ne les corrompe pensent souvent qu'il vaut mieux être pauvre.
   d. L'argent est amoral; c'est ce que nous en faisons qui le rend moral ou immoral. L'amour de l'argent est «la racine de tous les maux» (1 Timothée 6:10).

6. **Le fait de donner nous garde du matérialisme**
   a. Dieu veut nous bénir, mais cela ne devrait pas être notre principale préoccupation.
   1 Timothée 6:9
   b. L'objectif réel de la prospérité que Dieu nous donne est d'avoir des ressources pour étendre son Royaume.
   c. Lorsque nous sommes bénis financièrement, nous pouvons semer dans le royaume de Dieu et aider les pauvres (Ephésiens 4:28).
   d. Dieu va pourvoir à nos besoins «selon la richesse de sa gloire» (Philippiens 4:19).

7. **Si nous donnons sacrificiellement, nos propres besoins seront satisfaits**
   a. Ce n'est pas la quantité que nous donnons, mais le sacrifice impliqué et l'attitude de cœur.
   Ex: La pauvre veuve qui donne deux petites pièces dans le trésor du temple. Luc 21
   b. Lorsque nous donnons généreusement, Dieu promet de prendre soin de nos besoins, et bien plus encore (2 Corinthiens 9:8, 10-11).
   c. Nous serons récompensés en fonction de la mesure avec laquelle nous donnons, avec modération ou généreusement (Matthieu 7:2).

La perspective de Dieu sur les finances
Canevas du chapitre 2
La dîme

1. **Donner une partie de notre revenu**
   a. Dieu a mis en place un système pour nous rappeler sa propriété en toutes choses – la dîme.
   b. Les Israélites devaient donner un dixième de tout leur revenu au Seigneur (Proverbes 3:9-10).
   c. Abraham a donné la dîme à Melchisédek avant que la loi de l'Ancien Testament n'ait été écrite (Genèse 14:18-20).

2. **N'essayez pas de voler Dieu**
   a. Les Israélites volaient Dieu en ne donnant pas leur dîme. Malachie 3:8-11
   b. Aujourd'hui, les gens volent Dieu de la même façon. Dieu promet de «menacer celui qui dévore» lorsque nous donnons notre dîme.

3. **La dîme est une facture pour Dieu**
   a. Nous ne pouvons pas nous permettre de ne pas donner la dîme, sinon celui qui dévore va la consumer (Malachie 3:11).
   b. La dîme représente dix pour cent de notre revenu payé comme un impôt à l'église, d'après le dictionnaire Webster. Avons-nous toujours envie de donner notre dîme? Peut-être pas, mais c'est une facture pour Dieu tout comme nous payons nos factures d'électricité ou de nourriture.

4. **Donner systématiquement**
   a. Les croyant du Nouveau Testament étaient encouragés à donner de façon systématique (1 Corinthiens 16:2).
   b. Donner la dîme est un acte d'obéissance à Dieu, pas une option.

5. **Les attitudes envers la dîme**
   a. Les scribes et les Pharisiens montraient une apparence pieuse et donnaient leur dîme jusqu'à la moindre feuille de menthe, mais leurs cœurs étaient durs. Matthieu 23:23
   b. Lorsque nous donnons la dîme, nous devons le faire non parce que c'est obligatoire, mais comme un acte d'amour pour Dieu et pour les autres.

6. **Dieu pourvoira**
   a. Lorsque nous reconnaissons que tout ce que nous avons appartient à Dieu, il est plus facile de faire confiance au Seigneur pour qu'il pourvoie pour nous lorsque nous donnons la dîme.
   b. Le fait de donner tend à libérer nos finances. Cela nous aide à devenir maîtres de notre argent au lieu qu'il domine sur nous (Marc 12:43-44).

7. **Où devrait aller la dîme ?**
   a. Malachie 3:10a dit que nous devrions apporter nos dîmes à la maison du trésor. Il s'agit du lieu où la nourriture spirituelle est conservée pour bénir ceux qui conduisent et équipent le corps de Christ pour l'œuvre du service.
   b. Les Lévites étaient ceux qui étaient mis à part pour conduire le peuple de Dieu. Ils étaient dépendants des dîmes données par le peuple (Nombres 18:21).
   c. Donner la dîme soutient ceux qui exercent un leadership spirituel envers les saints dans l'église locale (1 Timothée 5:17).

**La perspective de Dieu sur les finances
Canevas du chapitre 3**

Donner tant la dîme que les offrandes

1. **La différence entre une dîme et une offrande**
   a. La dîme aide à soutenir nos responsables spirituels (Galates 6:6). Si nous refusons de donner notre dîme, nous semons l'égoïsme (Galates 6:7-10).
   b. Lorsque nous donnons au-delà de la dîme, il s'agit d'une offrande. Nous sommes responsables de donner nos offrandes aux pauvres et aux nécessiteux (Proverbes 28:27).

2. **Le cœur et l'argent sont importants**
   a. Nos cœurs seront là où nous plaçons notre argent. Matthieu 6:21
   b. Lorsque nous donnons la dîme dans notre église, nos cœurs sont avec le peuple de Dieu et avec ceux qui nous servent. Donner la dîme démontre notre confiance en nos responsables.

3. **Donner la dîme – un test de confiance**
   a. Faire confiance à Dieu (Malachie 3:10b) et soutenir son œuvre avec notre dîme.
   b. Ceux qui nous nourrissent spirituellement devraient être soutenus par nos dîmes.
   1 Corinthiens 9:11-14

4. **Une question à poser: Donnez-vous la dîme?**
   a. Certaines personnes ne donneront pas leur dîme à cause de mauvaises expériences passées.
   b. Nous devons aller de l'avant… (Philippiens 3:13-14) et trouver un nouveau sens de confiance en Dieu et en ceux qui sont en position de leadership.

5. **Donnez-vous la dîme dans la maison du trésor?**
   a. Lorsque nous sommes obéissants et donnons notre dîme dans la maison du trésor, le Seigneur promet de nous bénir (Malachie 3:10b).
   b. Certaines personnes donnent leur dîme à des organisations para-ecclésiastiques, à des missionnaires, à des évangélistes… Cependant, la dîme devrait aller à l'église locale et les offrandes à ces autres endroits.
   c. Désigner là où nous voulons que notre dîme soit utilisée dans l'église, ou la retenir, peut constituer un type de contrôle. Nous devons donner sans retenue et faire confiance à nos responsables.

6. **Des excuses pour voler Dieu**
   a. Ignorance: On n'a pas été enseigné sur son importance encore aujourd'hui (Actes 17:30).
   b. Désobéissance à la parole de Dieu: On désobéit délibérément (1 Jean 2:4).
   c. Dette personnelle: Notre manque de don peut constituer une raison pour notre dette (Galates 6:7).
   d. On pense être trop pauvre.
   e. On ne fait pas confiance à nos responsables.

7. **Recevoir une liberté nouvelle**
   a. Si vous ne donnez pas votre dîme, commencez aujourd'hui en la donnant à votre église.
   b. En plus, demandez au Seigneur de vous bénir afin que vous puissiez donner des offrandes.
   c. Soyez libérés pour donner avec joie. Vous êtes réellement libres (Jean 8:36).

La perspective de Dieu sur les finances
Canevas du chapitre 4

Comment gérer les finances que Dieu nous a données

1. **Fidèles avec ce que nous avons**
   a. Dieu nous confie son argent (1 Corinthiens 4:2).
   b. Nous devrions être contents (arrêter de nous plaindre) de ce que nous avons (Philippiens 4:11).
   c. Les méthodes pour s'enrichir rapidement font en réalité appel à une mentalité de pauvreté. La croissance financière se produit pour ceux qui appliquent les principes divins avec constance et sur le long-terme (Hébreux 6:12).

2. **Pourvoir pour nos familles**
   a. Dieu veut nous bénir afin que nous puissions pourvoir aux besoins de notre famille.
   1 Timothée 5:8 ; 2 Thessaloniciens 3:10
   b. Que nous soyons à plein temps dans un ministère ou dans un travail séculier, nous sommes appelés à servir Dieu.
   c. Nous travaillons afin d'avoir de l'argent pour les besoins de nos familles ainsi que pour donner à d'autres (Ephésiens 4:28).

3. **Investir la richesse de notre maître**
   a. Nous devrions utiliser notre argent pour évangéliser le monde. Nous ne pouvons pas décider du prix d'une âme (Marc 8:36).
   b. Donner nos offrandes pour soutenir un missionnaire constitue une façon de toucher le monde.

4. **L'argent et les relations**
   a. Nous pouvons utiliser nos finances pour bâtir des relations. Luc 16:8-9
   b. Nos actions parlent plus fort que nos paroles (Matthieu 5:16). Préparer un gâteau pour son voisin. Inviter quelqu'un pour manger chez soi.

5. **Aider les pauvres, c'est comme investir de l'argent dans la banque de Dieu**
   a. Le Seigneur s'attend à ce que nous donnions aux pauvres.
   b. Jacques 1:27; Deutéronome 15:7-8; Matthieu 25:35-36
   c. Si Dieu nous a béni financièrement, c'est dans le but de bénir les pauvres autour de nous (Proverbes 19:17). Le Seigneur nous rendra notre investissement au travers de sa «banque».

6. **Donner librement et volontairement pour répondre aux besoins dans le Royaume**
   a. Dieu veut nous bénir afin que nous puissions répondre aux besoins dans le corps de Christ, donner de notre abondance à ceux qui sont dans le manque.
   2 Corinthiens 8:14
   b. Dieu aime celui qui donne avec joie (2 Corinthiens 9:7).

7. **Donnez et il vous sera donné**
   a. Lorsque nous donnons ou prêtons de l'argent aux autres, cela doit être dans la foi. Que cet argent nous soit remboursé ou non, nous devons nous efforcer de garder nos attitudes pures et de continuer d'aimer, même nos «ennemis».
   b. Dieu veut nous redonner dans la même mesure que nous avons donné.
   Luc 6:38
   c. Dieu veut que nous donnions généreusement (2 Corinthiens 9:6).
   d. Dieu veut que nous prospérions (2 Corinthiens 8:9).

Questions de méditation supplémentaires

Si vous utilisez ce livret comme guide de méditation quotidienne, vous aurez réalisé qu'il y a vingt-huit jours dans cette étude. Selon le mois, vous pourrez avoir besoin des trois études quotidiennes données ci-dessous.

Jour 29
Est-ce vraiment important?

Ecrivez deux versets parlant de la dîme et deux versets parlant des offrandes. Expliquez la différence entre dîme et offrande. Etant donné qu'une si grande partie de la Bible aborde cette question des finances et de la gestion, quelle est son importance selon vous pour nos vies personnelles?

Jour 30
Quels changements puis-je apporter?

Lisez Matthieu 6:33. En dehors de l'argent, de quels autres domaines sommes-nous les gérants pour l'usage de Dieu? Qu'en est-il de notre «temps»?
Quels changements pouvons-nous apporter dans votre style de vie pour être plus efficace dans l'établissement du royaume de Dieu?

Jour 31
Qu'avez-vous appris?

Ecrivez un verset qui vous a spécialement béni dans ce livre sur les finances. En quoi vous a-t-il changé?

Fondements bibliques 11

Appelés à servir

L'appel de chaque chrétien à servir

CHAPITRE 1

Chacun peut servir

VERSET CLÉ À MÉMORISER

Il nous a aussi rendu capables d'être ministres d'une nouvelle alliance

2 Corinthiens 3:6

Jour 1

Nous sommes équipés pour servir

Récemment, un fan de football m'a partagé son expérience lors de la coupe du monde. Il avait payé cent cinquante dollars pour un siège et rejoint des milliers de supporters pour voir vingt-deux talentueux joueurs shooter dans un ballon sur le terrain. Même s'il aimait le foot, il n'avait pas l'autorisation de jouer – il n'était que spectateur. Son histoire me rappelle l'église d'aujourd'hui. Réfléchissez-y. Un groupe de chrétiens «spectateurs» se réunit chaque dimanche matin pour observer le pasteur accomplir ses tâches. Est-ce vraiment ce que le Seigneur désire pour son Eglise? Je ne le crois pas. Chaque croyant peut être un ministre, ou un serviteur.

Les pasteurs et autres responsables d'églises sont placés là pour équiper et aider chaque croyant à découvrir et entrer dans son service. La Bible nous enseigne dans Ephésiens 4:11-12 que le Seigneur établit des responsables spirituels avec des dons spécifiques pour deux raisons de base: *Et il a donné les uns comme apôtres, les autres comme prophètes, les autres comme évangélistes, les autres comme pasteurs et docteurs, pour le perfectionnement des saints en vue de l'oeuvre du ministère et de l'édification du corps de Christ.*

D'après ce verset, ces responsables spirituels dotés de dons particuliers sont donnés pour «perfectionner les saints en vue de l'œuvre du ministère» et pour «édifier le corps du Christ.» Jésus donne à ces leaders des dons de leadership spécifiques pour qu'ils puissent préparer le peuple de Dieu pour le service et qu'ainsi le corps de Christ puisse grandir comme Dieu le désire. Lorsque ces responsables forment et équipent chaque saint pour le service, l'église grandit. Si chaque croyant n'apprend pas comment servir les autres, l'église de Dieu devient paralysée: seule une partie du corps est utilisée.

Si certains des membres de votre corps ne fonctionnaient plus, vous souffririez d'une paralysie partielle. Un bonne partie du corps de Christ aujourd'hui souffre de paralysie parce que cette vérité essentielle affirmant que tous les saints sont appelés à servir est négligée. Dieu restaure une vérité fondamentale dans son Eglise, vérité qui implique que chaque croyant est appelé à servir.

Le leadership de l'église primitive, comprenant des apôtres, des prophètes, des évangélistes, des pasteurs et des docteurs, a réalisé qu'il devait mettre l'accent sur la prière et l'enseignement de la parole de Dieu. *Et nous, nous continuerons à nous appliquer à la prière et au ministère de la parole. (Actes 6:4).*

Avant qu'ils puissent «s'appliquer à la prière et au ministère de la Parole,» les responsables ont dû former chaque croyant à servir, allégeant ainsi le fardeau de devoir tout faire eux-mêmes. Lorsqu'ils ont suivi ce principe spirituel, des milliers de personnes ont pu entrer dans le royaume de Dieu et l'église a rapidement grandi au cours du premier siècle.

REFLEXION
Quel est le rôle des responsables spirituels dans l'église, d'après Ephésiens 4:11-12?
Comment ces responsables nous forment-ils pour servir?

Jour 2
Tout le monde peut servir

Comme les Ecritures nous montrent que tous les saints sont appelés à l'œuvre du ministère, nous devons nous assurer de bien comprendre qui sont vraiment ces saints. La vérité est la suivante: Si vous êtes un chrétien né de nouveau par l'Esprit de Dieu, vous êtes un saint. Nous ne devenons pas saints lorsque nous arrivons au ciel. Nous sommes des saints dès aujourd'hui. Lorsque vous vous regardez dans le miroir le matin, je vous encourage à dire: «Je suis un saint.» La Bible explique que les saints sont ceux qui sont appelés à l'œuvre du ministère (Ephésiens 4:12). Des milliers de croyants aujourd'hui n'ont pas de sens de direction dans leur vie parce qu'ils n'entrent pas dans ce que Dieu a prévu pour eux – servir les autres.

Que veut dire en réalité le mot *ministère*? Le dictionnaire Webster de 1828 nous en donne la définition suivante: «Le fait de servir, de s'occuper de quelque chose ou de quelqu'un.» Si vous allez au restaurant, le serveur ou la serveuse vous sert à votre table. C'est un type de ministère. Si vous allez à l'hôpital, vous y trouverez des infirmières qui s'occupent des patients, qui les servent. Les termes service et ministère sont interchangeables.

Chaque chrétien est appelé par Dieu à servir les autres. C'est un privilège de pouvoir servir les autres au nom de Jésus. Il existe différents types de ministères, et plusieurs façons de servir; cependant, chaque personne est appelée à servir les autres au nom de Jésus. La Bible dit dans Marc 16:17-18 que des signes accompagneront les véritables disciples et confirmeront l'authenticité du message de l'Evangile. *Voici les miracles qui accompagneront ceux qui auront cru: en mon nom, ils chasseront les démons; ils parleront de nouvelles langues; ils saisiront des serpents; s'ils boivent quelque breuvage mortel, il ne leur feront point de mal; ils imposeront les mains aux malades, et les malades, seront guéris.*

Ce verset parle de différents types de ministères auxquels le Seigneur appelle son peuple aujourd'hui. Il ne dit pas que ces signes accompagneront les pasteurs, les apôtres ou les évangélistes. Il dit que «ces signes accompagneront ceux qui auront cru.» Chaque chrétien qui croit véritablement en Jésus est appelé par Dieu à servir les autres et à amener le royaume de Dieu avec puissance et autorité.

REFLEXION
Comment servez-vous les autres? Est-ce que certains des signes de Marc 16:17-18 se produisent dans votre vie?

Jour 3
Sommes-nous spirituellement actifs?

Dans l'église d'aujourd'hui, nous avons souvent une compréhension déformée de ce que signifie servir, ou exercer un ministère. Mais Dieu nous enseigne pour que nous ayons une compréhension adéquate de ce que veut dire exercer un ministère selon sa perspective.

Dans le passé, nous avons souvent pensé que le pasteur de l'église locale était responsable de l'ensemble du ministère – que le ministère ne peut être accompli que par le clergé, les gens formés ou payés pour cela. A cause de cette attitude, de nombreux croyants dans l'église aujourd'hui sont faibles, et cela peut se comprendre. Si vous et moi ne faisions jamais d'exercice, nous deviendrions physiquement faibles. De la même façon, si nous ne sommes pas actifs spirituellement, nous devenons faibles spirituellement.

Être entouré des richesses du monde peut nous donner un faux sentiment de sécurité. Les chrétiens ne doivent pas trop s'accrocher aux possessions matérielles, car elles peuvent facilement nous aveugler et exiger la loyauté de nos cœurs. La façon dont nous gérons nos finances est une réflexion ou un indicateur de l'état de nos cœurs. Le Seigneur est très intéressé par la façon dont nous utilisons nos finances, car il sait que s'il peut nous faire confiance dans ce domaine, il pourra aussi nous faire confiance avec les choses spirituelles. *Mais la nourriture solide est pour les hommes faits, pour ceux dont le jugement est exercé par l'usage à discerner ce qui est bien et ce qui est mal (Hébreux 5:14).*

Nous devenons des hommes faits, matures, en mettant en pratique, en exerçant par l'usage ce que Dieu nous a demandé de faire. Dieu a appelé chaque saint à le servir. Nous pouvons commencer dès notre nouvelle naissance, en racontant aux autres ce que Jésus-Christ a fait pour nous.

Lorsque le pasteur est le seul à faire tout l'exercice spirituel, il s'épuise. Les saints dans l'église ne s'exercent pas spirituellement et restent faibles, amenant l'ensemble de l'église à demeurer faible. Imaginez un pasteur faisant quatre mille pompes chaque jour! C'est exactement ce qui se passe dans l'église actuelle sur un plan spirituel.

Je crois fermement que le Seigneur a appelé les pasteurs et les autres responsables spirituels à équiper les saints afin que chaque croyant puisse être impliqué dans le service et ainsi grandir en Christ. Lorsque le peuple de Dieu n'est pas actif spirituellement, il ne grandit plus. Et comme Dieu nous a donné à tous des dons et des capacités différents, nous avons tous besoin d'utiliser ces dons lorsque nous servons.

Alors que chaque croyant accomplit ce que le Seigneur l'appelle à faire, il se produit quelque chose de merveilleux. Dieu bâtit son Eglise au-travers de son peuple de maison en maison et dans chaque communauté. Le ministère ne prend pas place que dans nos cultes; il se produit dans nos écoles, nos places de travail et nos foyers chaque fois que nous nous tournons vers les autres. Tous peuvent alors s'épanouir parce qu'ils utilisent les dons que Dieu leur a donnés. C'est le plan du Seigneur pour bâtir son Eglise.

REFLEXION

Comment exerçons-nous notre jugement pour discerner ce qui est bien et ce qui est mal (Hébreux 5:14)?

Jour 4
Comment servir

Il y a diverses façons de servir. Par exemple, laver le véhicule de quelqu'un ou lui proposer de le conduire au travail constitue un type de service. D'autres seront doués pour préparer un gâteau et l'offrir à quelqu'un comme «cadeau d'amour». Encourager les autres, prier pour les malades et servir auprès des enfants de l'école du dimanche constituent d'autres types de ministères. Les gens pensent souvent que le ministère consiste à enseigner ou à prêcher. Mais ce n'est qu'une des centaines de façons de servir au nom de Jésus.

Lorsque Jésus a marché sur la terre, il ne pouvait être qu'à un endroit à la fois. La stratégie du Père était que Jésus aille jusqu'à la croix, puis ressuscite d'entre les morts, monte au ciel et qu'il envoie le Saint-Esprit à son peuple. Le Saint-Esprit demeurerait ensuite dans le peuple de Dieu. Aujourd'hui, plutôt que Jésus soit seul à marcher sur la terre pour offrir l'espérance aux hommes, il y a des milliers de croyants remplis du même Saint-Esprit, servant au nom de Jésus tout autour du monde.

Nous avons reçu le Saint-Esprit et nous sommes appelés par le Seigneur à être des serviteurs. Partout où il allait, Jésus servait les gens. Partout où nous allons, Dieu nous appelle à servir les autres, dans nos familles, nos communautés, nos écoles et nos places de travail, et nous ne pouvons le faire que par Sa force. *Ce n'est pas à dire que nous soyons par nous-mêmes capables de concevoir quelque chose comme venant de nous-mêmes. Notre capacité, au contraire, vient de Dieu. Il nous a aussi rendus capables d'être ministres d'une nouvelle alliance, non de la lettre, mais de l'esprit; car la lettre tue, mais l'esprit vivifie (2 Corinthiens 3:5-6).*

Je n'oublierai jamais la première fois où j'ai apporté une étude biblique alors que je n'étais qu'un jeune homme. J'avais peur, parce que c'était quelque chose de nouveau pour moi. J'ai aussi réalisé que la force de Dieu en moi m'aiderait à relever le défi. Mes compétences venaient de Dieu.

Il y a de nombreuses années, j'ai servi comme conducteur de louange. La première fois que j'ai conduit le peuple de Dieu dans l'adoration, c'était lors d'une réunion où il n'y avait pas d'instruments de musique. On m'a donné un petit diapason à bouche pour entonner le chant dans la bonne tonalité. La première fois, j'ai soufflé dans le diapason beaucoup trop fort, et j'étais très embarrassé ! Je cherchais un trou dans le sol où me cacher, en particulier quand j'ai pris conscience que certaines personnes riaient en me regardant. Ce fut une expérience humiliante, mais par la grâce de Dieu j'ai pu terminer ce premier chant. En persévérant, en continuant de servir dans ce domaine, j'ai réalisé que Dieu m'appelait vraiment à un tel ministère; j'ai même commencé à avoir du plaisir à entraîner les autres à adorer notre Seigneur.

REFLEXION
Recensez plusieurs des choses que vous êtes capables de faire pour les autres. D'où viennent votre force et votre capacité d'après 2 Corinthiens 3:5-6 ?

Jour 5
Sortons de notre zone de confort

Chacun de nous a des domaines de sa vie où il se sent à l'aise, domaines que nous appelons parfois notre «zone de confort». Nous trouvons souvent difficile de sortir de notre zone de confort pour entrer dans des choses nouvelles, mais Dieu nous a appelés à faire des pas de foi. Lorsque Pierre a marché sur l'eau, il est sorti bien au-delà de sa zone de confort !

Dieu nous a appelés à être des gens de foi, et à dépendre de sa capacité en nous pour nous aider à accomplir son œuvre. La Bible dit... *sans la foi, il est impossible de plaire à Dieu (Hébreux 11:6).* Servir les autres va souvent nous demander de sortir de notre zone de confort.

Nos foyers constituent d'excellents lieux de service. Jésus a passé une bonne partie de son temps dans les maisons des gens. Le livre des Actes est rempli d'exemples de gens qui se réunissent dans des foyers: partageant ensemble, apprenant ensemble et se servant les uns les autres. Invitez des gens dans votre maison – pour un repas ou pour passer du temps à partager. Des choses enthousiasmantes peuvent se produire lorsque des gens s'assoient ensemble pour manger un repas, jouer à un jeu, ou simplement pour parler et rire ensemble. Les gens peuvent se détendre lorsque nous les rencontrons à leur niveau et les laissons avoir accès à nous, montrant que nous sommes aussi de vraies personnes avec de vrais problèmes. Nous pouvons demander au Seigneur des occasions de prier avec eux, et cela peut devenir des expériences qui transforment leur vie. Gardez à l'esprit que vous êtes des saints appelés à servir.

Le Seigneur pourrait vous utiliser pour donner un conseil plein de sagesse à quelqu'un. Vous avez peut-être l'impression que comme vous n'êtes pas un conseiller professionnel, Dieu ne peut pas vous utiliser, mais la Bible dit dans Esaïe 9:6… *On l'appellera Admirable, Conseiller.* Jésus est le «Conseiller», et il vit en nous. Lorsque les gens ont besoin de solutions à des problèmes dans leurs vies, je sais que Jésus, le Conseiller, vit en moi. Il a les réponses. Je prie et demande au Seigneur de leur parler et de leur dire quoi faire. Parfois, je peux les diriger vers d'autres chrétiens qui peuvent répondre à leurs questions.

Souvenez-vous, le Seigneur vous a donné un témoignage puissant! Lorsque vous le partagez à d'autres personnes, vous verrez que le Saint-Esprit va vous utiliser pour apporter la vérité et que d'autres vont grandir dans leur foi à travers vous. Peut-être avez-vous peur que quelqu'un vous pose une question à laquelle vous ne pourrez pas répondre. Si vous n'êtes pas sûr de la réponse, il est approprié de dire: «Je ne sais pas, mais je peux peut-être demander à quelqu'un qui s'y connaît mieux que moi.» Nul d'entre nous n'a toutes les réponses. C'est pourquoi le Seigneur a placé différents dons dans des gens différents au sein de son Eglise. Nous avons besoin les uns des autres.

REFLEXION
Décrivez certaines situations où vous avez dû sortir de votre «zone de confort».

Jour 6
Ce n'est pas notre capacité, mais la sienne

Le Seigneur souhaite que nous soyons disponibles pour qu'il puisse nous utiliser pour servir les autres de toutes sortes de manières. Lorsque notre nouvelle église basée sur des cellules a démarré, j'étais responsable de la prédication un dimanche matin et le dimanche suivant je m'occupais des enfants. Le service auprès des enfants m'a aidé à me préparer pour d'autres types de ministère auxquels le Seigneur allait m'appeler au cours des années suivantes.

Quel que soit le ministère auquel le Seigneur vous a appelé, vous ne l'accomplissez pas avec votre propre capacité, mais par sa capacité en vous. Si vous servez à la garderie, vous pouvez prier, imposer les mains aux enfants, en les bénissant au nom de Jésus. Dieu nous a appelés, chacun d'entre nous, à servir où que nous allions, en lui demandant d'ouvrir nos yeux afin que nous puissions voir les gens comme lui les voit. Jean 3:16 nous dit: «Car Dieu a tant aimé le monde qu'il a donné son Fils unique afin que quiconque croit en lui ne périsse pas, mais qu'il ait la vie éternelle.» Dieu aime les gens, et il vit en nous! Il nous a appelés à encourager et à servir ceux qui nous entourent.

Le service est souvent accompli de manière pratique. Le Seigneur peut vous appeler à servir en aidant un voisin à changer sa roue de voiture sous la pluie. Dieu répare ainsi une voiture à travers vous! Parfois, servir exige de faire ce que le Seigneur nous demande plutôt que ce que nous avons envie de faire. Si nous avons réellement été crucifié avec Christ, la Bible dit que nous sommes morts en ce qui concerne nos envies. *J'ai été crucifié avec Christ; et si je vis, ce n'est plus moi qui vis, c'est Christ qui vit en moi; si je vis maintenant dans la chair, je vis dans la foi au Fils de Dieu, qui m'a aimé et qui s'est livré lui-même pour moi (Galates 2:20).*

Le vieux «nous» est mort et Jésus-Christ vit maintenant en nous. Il nous a appelé à être son serviteur.

REFLEXION
Que s'est-il passé lorsque vous avez été «crucifié avec Christ»? Quelles sont les choses qui sont mortes et quelles sont celles qui sont devenues nouvelles? Comment pouvez-vous servir de manière pratique?

Jour 7
L'amour conquiert tout

Je discutais avec un thérapeute professionnel qui avait exercé pendant des années. «Tu sais,» me dit-il, «certaines personnes pensent que pour pouvoir aider les autres, il faut suivre toutes sortes de formations.» Il a poursuivi en disant: «Je pense que ce dont les gens ont vraiment besoin, c'est simplement que quelqu'un les aime.» Ce thérapeute ne minimisait pas le besoin de formation; cependant, il parlait de répondre aux besoins profonds du cœur des hommes et des femmes d'aujourd'hui – le besoin d'être aimé.

C'est là tout l'enjeu du ministère ou du service. Jésus nous a appelés à aimer les gens. Nous le faisons en les écoutant et en étant réellement attentifs à leurs besoins. Nous ne devrions pas nous sentir effrayés ou inadéquats pour servir les autres. La Bible dit que... *l'amour parfait bannit la crainte... (1 Jean 4:18).*

Lorque je réalise que Dieu m'aime et qu'il aime la personne que je sers, son amour parfait va bannir toute crainte. Plus nous passons de temps avec Jésus, plus Christ sera capable de servir au-travers de nous. Alors que nous passons du temps avec Jésus, ceux qui nous entourent vont percevoir que nous avons la capacité de les servir parce que son amour et son courage seront évidents dans nos vies, comme c'était le cas pour Pierre et Jean. *Lorsqu'ils virent l'assurance de Pierre et de Jean, ils furent étonnés, sachant que c'étaient des hommes du peuple sans instruction; et ils les reconnurent pour avoir été avec Jésus (Actes 4:13).*

Lorsque nous nous sentons faibles, c'est là que nous pouvons être vraiment forts, parce que nous savons que la grâce de Dieu est suffisante pour nous. Paul a plaidé avec le Seigneur, lui demandant d'enlever une «épine dans sa chair». Mais le Seigneur lui a répondu que sa force serait rendue parfaite dans la faiblesse de Paul, selon 2 Corinthiens 12:9-10. *Et il m'a dit: Ma grâce te suffit, car ma puissance s'accomplit dans la faiblesse. Je me glorifierai donc bien plus volontiers de mes faiblesses, afin que la puissance de Christ repose sur moi. C'est pourquoi je me plais dans les faiblesses, dans les outrages, dans les calamités, dans les persécutions, dans les détresses, pour Christ; car, quand je suis faible, c'est alors que je suis fort.*

La grâce de Dieu est toujours suffisante pour nos vies quotidiennes. Lorsque nous nous approchons de Christ, il va nous aider dans chaque situation, en nous donnant force et réconfort. Nous pouvons servir les autres par la foi, par la force de Jésus-Christ.

REFLEXION
Que fait l'amour parfait (1 Jean 4:18)?
Comment la grâce de Dieu opère-t-elle dans notre vie?

CHAPITRE 2

Nous sommes appelés à servir

VERSET CLÉ À MÉMORISER

…quiconque veut être grand parmi vous, qu'il soit votre serviteur; et quiconque veut être le premier parmi vous, qu'il soit votre esclave.
C'est ainsi que le Fils de l'homme est venu, non pour être servi, mais pour servir et donner sa vie comme la rançon de plusieurs.
Matthieu 20-26-28

Jour 1
Que faire si vous voulez être grand

Un jour, la mère de Jacques et Jean est venue vers Jésus avec une demande particulière. *Alors la mère des fils de Zébédée s'approcha de Jésus avec ses fils, et se prosterna, pour lui faire une demande. Il lui dit: Que veux-tu? Ordonne, lui dit-elle, que mes deux fils, que voici, soient assis, dans ton royaume, l'un à ta droite et l'autre à ta gauche (Matthieu 20:20-21).*

La Bible nous rapporte que les autres disciples ont été indignés. Ils ne pouvaient pas croire que Jacques et Jean aient eu la prétention de vouloir s'asseoir à la droite et à la gauche de Jésus dans son Royaume. Bien sûr, ils imaginaient encore que Jésus allait établir un royaume terrestre. Les douze disciples avaient une mauvaise compréhension du ministère et du leadership. Jésus a essayé de corriger leur perspective en disant… *Jésus les appela, et dit: Vous savez que les chefs des nations les tyrannisent, et que les grands les asservissent. Il n'en sera pas de même au milieu de vous. Mais quiconque veut être grand parmi vous, qu'il soit votre serviteur; et quiconque veut être le premier parmi vous, qu'il soit votre esclave. C'est ainsi que le Fils de l'homme est venu, non pour être servi, mais pour servir et donner sa vie comme la rançon de plusieurs (Matthieu 20:25-28).*

Jésus a dit à ses disciples que ceux qui sont dans le système du monde ne comprennent pas le principe du service et du ministère. Un leader dans le monde est souvent une personne qui exerce un pouvoir et un contrôle sur les gens. Mais Jésus a promu une nouvelle approche. Il a expliqué que le véritable leader est un serviteur. Et un serviteur est une personne qui sert les autres. Jésus-Christ, le roi de l'univers, est venu sur cette terre pour servir. A chaque occasion, il a servi les gens et nous a donnés un exemple. Nous sommes également appelés à être des ministres (des serviteurs) des autres en son nom. Nous devons servir et aider les autres – c'est la véritable mesure de la grandeur.

REFLEXION

Que devriez-vous faire si vous voulez être grand, d'après Matthieu 20:26? D'après Jésus, qu'est-il venu faire sur terre selon Matthieu 20:28?

Jour 2

Service et ministère – une seule et même chose

Alors, qu'est-ce que servir signifie réellement? Comme mentionné auparavant, les termes service et ministère sont des synonymes. Jacques et Jean voulaient être grands dans le Royaume. Ils pensaient que la grandeur venait de la bonne position, mais Jésus leur a répondu que la grandeur est le fruit du service. La grandeur ne dépend pas de nos talents ou de nos aptitudes, mais de notre volonté de servir.

Un serviteur est simplement une personne consacrée aux autres. J'aime observer les gens. Et lorsque je voyage à travers le monde, je découvre une vérité surprenante. Partout où je rencontre un(e) véritable «homme/femme de Dieu», je réalise qu'il/elle a un cœur de serviteur.

Il y a des années, lorsque j'étais un jeune pasteur, je me suis retrouvé dans une conférence de responsables à Dayton, dans l'Ohio. J'y ai rencontré un homme âgé, un leader dans le corps de Christ, qui est maintenant auprès du Seigneur. Partout où il allait, il servait les autres. Je l'ai observé s'approcher d'un garçon d'étage dans un hôtel pour lui parler de Jésus-Christ. Je l'ai vu répondre avec douceur et compassion à tous ceux qui s'approchaient de lui pour lui poser des questions sur des sujets spirituels. Il était un véritable serviteur.

La marque de la grandeur dans le royaume de Dieu est notre volonté de servir les autres et d'obéir au Seigneur. Un jour, Jésus a raconté une parabole à un groupe de personnes invitées dans la maison d'un chef des Pharisiens. *Lorsque tu seras invité par quelqu'un à des noces, ne te mets pas à la première place, de peur qu'il n'y ait parmi les invités une personne plus considérable que toi, et que celui qui vous a invités l'un et l'autre ne vienne te dire: Cède la place à cette personne-là. Tu aurais alors la honte d'aller occuper la dernière place. Mais, lorsque tu seras invité, va te mettre à la dernière place, afin que, quand celui qui t'a invité viendra, il te dise: Mon ami, monte plus haut. Alors cela te fera honneur devant tous ceux qui seront à table avec toi. Car quiconque s'élève sera abaissé, et quiconque s'abaisse sera élevé (Luc 14:8-11).*

Le Seigneur nous avertit que nous ne devrions jamais nous exalter nous-mêmes ou tenter de prendre les meilleures places. Au lieu de cela, nous devrions être prêts à servir à l'arrière. D. L. Moody, le grand évangéliste du dix-neuvième siècle qui a été utilisé par Dieu pour amener plus d'un million de personnes dans le royaume de Dieu, aimait toujours s'asseoir à l'arrière. Il était un véritable serviteur. Si nous honorons le Seigneur avec humilité et dans un esprit de service, nous serons élevés au temps convenable.

REFLEXION
De quelles façons des leaders-serviteurs sont-ils élevés par le Seigneur? Décrivez des situations où vous avez servi à l'arrière.

Jour 3
Servir dans l'amour

Un de mes amis sert comme responsable chrétien dans notre nation. Il y a bien des années, lorsqu'il était jeune, il a déménagé dans une grande ville. Il possède une personnalité très charismatique et a beaucoup étudié la Bible. Il était enthousiaste à l'idée de pouvoir enseigner les autres. Un soir, il s'est rendu dans une étude biblique et s'est proposé pour enseigner la Parole lors des prochaines rencontres. Le responsable du groupe lui a répondu qu'il appréciait que mon ami se mette ainsi à disposition; cependant, il avait vraiment besoin de quelqu'un pour installer les chaises. Ainsi, semaine après semaine, mon ami est venu pour mettre les chaises en place pour la rencontre. Il était prêt à être un serviteur, et aujourd'hui il est un responsable respecté dans le corps de Christ, qui enseigne la Bible tout autour du monde.

Les Ecritures déclarent dans 1 Corinthiens 8:1: *…la connaissance enfle*, mais l'amour édifie. Trop de connaissances peut nous rendre arrogants, mais l'amour va toujours construire les autres. J'ai rencontré des gens qui pensaient qu'être impliqué dans un ministère signifiait qu'ils étaient appelés à prêcher plutôt qu'à servir le peuple de Dieu. Prêcher et enseigner sont des ministères valides dont nous avons grand besoin dans l'église d'aujourd'hui. Cependant, tout ministère, y compris celui de la prédication et de l'enseignement, doit jaillir d'un cœur d'amour et de compassion. Les prédicateurs et les enseignants appelés par Dieu ont le désir de servir ceux qu'ils enseignent. Seul l'amour va édifier les gens. Trop de connaissance, même de connaissance biblique, sans un cœur d'amour et de compassion, peut nous entraîner à être enflés d'orgueil.

Très souvent, Dieu demande à ses enfants de servir de manière pratique et ingrate avant de les libérer dans un ministère de prédication et d'enseignement. Ceux qui sont prêts à servir dans ces humbles commencements sont souvent préparés par le Seigneur à servir de manière plus visible et large, car ils ont développé un cœur de serviteur. Quel que soit le niveau de formation ou de connaissance qu'une personne puisse avoir, le Seigneur cherche ceux qui sont prêts à servir. Si c'est notre cas, il peut réellement nous rendre grand. Si nous ne sommes pas prêts à servir, quelle que soit notre formation ou notre arrière-plan, nous ne pouvons pas être grand dans le royaume de Dieu.

REFLEXION
Qu'est-ce qui édifie les gens dans le Seigneur, selon 1 Corinthiens 8:1? Comment avez-vous développé un cœur de serviteur?

Jour 4
Comment puis-je vous servir?

Pourquoi Jésus ne nous a-t-il pas emmenés au ciel dès notre nouvelle naissance? Je crois que c'est pour que nous puissions servir ici sur terre et aider de nombreuses personnes à entrer en relation avec Jésus-Christ. Le principe de base est le suivant: Chaque croyant est appelé à servir. Nous sommes appelés à servir nos familles, nos patrons et collègues sur notre place de travail, les personnes qui se trouvent dans notre groupe de maison et les autres croyants de notre église locale. En fait, la question que nous devrions nous poser où que nous allions est la suivante: «Comment puis-je servir aujourd'hui?»

Vous pouvez peut-être servir dans votre église en participant au ministère des skètches, ou servir comme clown dans un groupe d'école du dimanche. Peut-être êtes-vous appelé auprès des prisonniers. D'autres pourront servir en ramassant des déchets dans le quartier. Peut-être pourriez-vous visiter les personnes âgées et prier pour elles, ou servir des repas pour ceux qui passent par une période difficile. Proposer de transporter quelqu'un pour un traitement à l'hôpital peut constituer un acte de service incroyable.

Vous êtes un véritable ministre lorsque vous servez les autres. Jésus n'a jamais dit: «Je suis le roi, venez et adorez-moi.» Il a simplement servi. Jacques 4:10 dit: *Humiliez-vous devant le Seigneur, et il vous élèvera.*

Il y a quelque temps, un pasteur qui avait fidèlement servi le Seigneur pendant des années est devenu membre de notre église. Une des premières questions qu'il a posée à son arrivée a été: «Comment puis-je servir?» Il n'a pas dit: «Quand puis-je prêcher un sermon?» Il avait compris l'importance du véritable ministère, le fait de servir dans le corps de Christ. Ce sont des gens avec une telle attitude de serviteur que le Seigneur utilise pour bâtir son église de manière puissante.

J'ai découvert que je suis attiré par les gens qui sont prêts à servir. Alors que Jésus allait servir les autres, les gens étaient attirés par lui. Lorsque nous avons un cœur de serviteur, le Seigneur fait en sorte que des gens soient attirés à nous afin que nous puissions prier pour eux et les servir. Alors que nous allons au-delà de nous-mêmes en servant les autres, des gens seront attirés dans le royaume de Dieu. Les gens ne viennent en général pas à Jésus parce que nous avons une grande connaissance biblique, même s'il est important de comprendre les Ecritures. Les gens sont attirés à Christ lorsqu'ils voient un véritable cœur de serviteur dans nos vies.

REFLEXION
Recensez certaines des façons spécifiques dont vous avez servi les autres. Comment pouvez-vous rester humbles si vous êtes reconnus comme un expert ou une autorité sur un sujet?

Jour 5
Toucher les autres par le service

D'après la Bible, les gens qui nous entourent vont glorifier notre Dieu à cause de la façon dont ils nous voient servir. Jésus a dit: *Que votre lumière luise ainsi devant les hommes, afin qu'ils voient vos bonnes oeuvres, et qu'ils glorifient votre Père qui est dans les cieux (Matthieu 5:16).*

Il y a quelques hivers, une famille que je connais s'est engagée à déneiger le trottoir de deux voisins âgés chaque fois que la neige tombait. Ils ont pellé de tout leur cœur, même s'il y a eu une quantité de neige exceptionnelle cet hiver-là!

J'ai servi comme pasteur pendant de nombreuses années. Comme beaucoup de gens venaient dans notre église, je n'arrivais pas à rencontrer tout le monde le dimnche matin. Il y avait tout simplement trop de monde. Mais savez qui ils rencontraient? Ils rencontraient les gens qui parquaient les voitures, ceux qui les accueillaient à la porte, ceux qui les aidaient à trouver une place libre, ceux qui les invitaient à une rencontre de leur groupe de maison, ceux qui servaient leurs enfants à l'école du dimanche... Ils rencontraient Jésus à travers ces précieux saints qui les servaient, eux et leurs enfants. Grâce à ceci, ils étaient attirés dans le royaume de Dieu.

Vous voyez, c'est Jésus à l'œuvre à travers chacun d'entre nous qui fait la différence. Alors que les gens de notre église touchaient ceux qui nous entourent avec l'amour de Jésus-Christ, des centaines de gens précieux sont entrés dans le Royaume et se sont engagés dans notre église locale. Jésus a utilisé des centaines de serviteurs, impliqués de manières très pratiques, pour servir ceux qu'il attirait dans son Royaume.

Partout où je me rends, je trouve des gens dans l'église qui ont un cœur de serviteur. Une fois, en Afrique, j'ai été béni par un homme d'affaire qui trouvait constamment des occasions de servir. Il ne recherchait pas une position dans l'église, mais il désirait être soutenu par son entreprise pour mieux pouvoir servir Jésus et le peuple de Dieu dans son église locale. Il était un réel serviteur.

Bien que le Seigneur appelle certaines personnes spécifiques à être mises à part et à être soutenues par l'église locale pour pouvoir équiper les autres pour le service, n'oublions jamais que chaque saint est appelé à un ministère.

REFLEXION

Comment laissez-vous luire votre lumière devant les hommes pour qu'ils voient Jésus?

Jour 6

Le ministère de soutien

Jésus a passé son temps à former, encourager et modéliser le royaume de Dieu pour ses douze disciples. Ces hommes ont aussi servi Jésus dans un ministère de soutien similaire à ce qui est décrit dans 1 Corinthiens 12:28… *Et Dieu a établi dans l'Église premièrement des apôtres, secondement des prophètes, troisièmement des docteurs, ensuite ceux qui ont le don des miracles, puis ceux qui ont les dons de guérir, de **secourir**, de gouverner, de parler diverses langues.*

Le ministère qui consiste à aider ou à secourir est un ministère qui se tient aux côtés d'un leader pour le soutenir, lui prêter assistance. Il s'agit d'apporter une aide pratique à quelqu'un pour qu'il puisse accomplir ses responsabilités envers Dieu. Les disciples de Jésus l'ont aidé à accomplir le ministère que le Père lui avait confié. Un groupe de femmes a aussi aidé Jésus dans son service (Luc 8:1-3), elles ont servi de toutes sortes de manières pour que Jésus ait le temps de prier, de prêcher et de répondre aux besoins des gens qui l'entouraient.

Un jour, Jésus a envoyé ses disciples à Jérusalem pour trouver un ânon, le détacher et le lui ramener afin qu'il puisse le monter jusqu'à Jérusalem (Matthieu 21:1-11). Une autre fois, les disciples ont préparé la chambre haute (Mathieu 26:17-30). Ils ont exercé le ministère de soutien.

Une autre fois, des milliers de personnes étaient rassemblées pour écouter Jésus enseigner. Il était tard et les gens commençaient à avoir faim. Lorsque Jésus a demandé ce qu'il y avait comme nourriture, ils ont découvert qu'ils n'avaient que cinq pains et deux poissons. Jésus a prié pour les pains et les poissons, et ils ont été miraculeusement multipliés – en fait, il est resté douze paniers pleins après que tout le monde ait mangé (Matthieu 14:13-21). Les disciples étaient impliqués dans un ministère de soutien en distribuant la nourriture à toutes ces personnes affamées. Je crois personnellement qu'il est resté un panier de nourriture pour chaque disciple qui avait servi.

Une autre fois, Jésus a réalisé qu'il devait payer l'impôt du temple, il a donc envoyé Pierre pour attraper un poisson. Lorsque le poisson a été péché, ils ont trouvé dans sa bouche une pièce pour payer l'impôt! (Matthieu 17:27). Pierre a servi dans un ministère de soutien en allant pécher le poisson et payer l'impôt.

Je suis constamment à l'affut de futurs responsables spirituels. Les responsables que Dieu recherche sont ceux qui sont prêts à servir dans un ministère de soutien, car c'est souvent ainsi que Dieu les prépare pour des responsabilités futures.

REFLEXION
En quoi consiste le ministère de soutien?
Avez-vous déjà servi dans ce type de ministère? Comment?

Jour 7
Une formation pour son futur ministère

Les disciples de Jésus ont appris la fidélité en servant de manière pratique. Si nous sommes fidèles dans les petites choses, Dieu saura qu'il peut nous faire confiance avec des responsabilités plus grandes. *Celui qui est fidèle dans les moindres choses l'est aussi dans les grandes, et celui qui est injuste dans les moindres choses l'est aussi dans les grandes (Luc 16:10).*

Moïse a été formé comme leader par des années de service. Avant de l'envoyer délivrer les enfants d'Israël de l'esclavage en Egypte, Dieu l'a placé dans un ministère de soutien – au service de son beau-père en gardant ses moutons dans le désert pendant quarante ans.

Par la suite, Josué a servi Moïse dans un ministère de soutien tout en étant formé pour reprendre la responsabilité de Moïse sur le peuple d'Israël. De nombreux hommes et femmes de Dieu aujourd'hui ont été formés en servant pratiquement un autre responsable chrétien pendant des années avant que le Seigneur n'ouvre la porte pour un ministère public ou une position de leadership pour eux.

En fait, Jésus lui-même a passé trente ans dans l'atelier de charpentier de son père – dans un ministère de soutien. Etienne et Philippe étaient des évangélistes puissants; cependant, ils ont tous les deux été impliqués dans le service aux tables (Actes 6:1-7). Je vous encourage à vous poser cette question: «Comment puis-je servir un responsable que le Seigneur a placé dans ma vie?» Dites-lui que vous êtes prêt à le servir pratiquement alors que le Seigneur vous forme pour votre futur ministère.

Pendant des années, j'ai servi pratiquement auprès des jeunes. Nous jouions au basketball et à d'autres sports avec eux afin de pouvoir partager Christ. Ma responsabilité dans le club de basket était d'apporter le ballon et d'être le chauffeur qui conduisait les jeunes au terrain semaine après semaine. Par la suite, on m'a demandé de m'occuper d'un petit groupe de nouveaux convertis et de commencer une étude biblique. Le Seigneur a utilisé ces actes de service pour me former pour mon futur ministère.

Si vous désirez découvrir votre ministère, servir le ministère d'un autre est un bon moyen de commencer d'après la parole de Dieu. Souvent, les gens qui essaient de se positionner et de se mettre en avant sont ceux qui devraient apprendre d'abord à servir derrière la scène pour que le Seigneur puisse travailler leur cœur et en faire de véritables serviteurs. Je crois que Dieu désire nous élever, mais il nous demande d'abord de nous abaisser, afin qu'il puisse nous élever au temps convenable (1 Pierre 5:6).

REFLEXION

Si nous servons dans des petites choses, que se passe-t-il d'après Luc 16:10?

CHAPITRE 3

Servir avec compassion

VERSET CLÉ À MÉMORISER

La sagesse d'en-haut est premièrement pure, ensuite pacifique, modérée, conciliante, pleine de miséricorde et de bons fruits, exempte de duplicité, d'hypocrisie.

Jacques 3:17

Jour 1
Aimer quelle que soit la réaction

Chaque fois que Jésus servait les autres, son ministère jaillissait d'un cœur d'amour et de compassion. *Voyant la foule, il fut ému de compassion pour elle, parce qu'elle était languissante et abattue, comme des brebis qui n'ont pas de berger (Matthieu 9:36).*

Jésus aimait les gens qu'il servait, et il nous appelle à faire de même. 1 Corinthiens 13 est souvent décrit comme le «chapitre de l'amour» dans la Bible. Les versets dans ce chapitre nous enseignent que nous pouvons faire toutes sortes d'œuvres et de «ministères», mais si ce n'est pas fait à partir d'un cœur qui aime, cela ne profitera à personne, ni à nous, ni aux autres.

L'amour n'est pas qu'un sentiment, mais une décision que nous prenons. L'amour est donné sans attendre quoi que ce soit en retour. Jésus-Christ nous a aimé. Il est allé jusqu'à la croix et a pris la décision de nous aimer quelle que soit notre réponse. Tout comme Jésus a donné sa vie pour nous, il nous a appelés à aimer les autres et à donner nos vies pour eux. Comme Christ vit en nous, son amour est en nous. Chaque jour, nous devons apprendre à laisser l'amour de Dieu couler dans nos vies. Soit nous vivons par ce que la parole de Dieu nous dit et par la vérité de Christ qui vit en nous, soit nous vivons guidés par nos émotions et par ce que nous ressentons. Voici une excellente checklist à consulter lorsque nous servons les autres: *La sagesse d'en haut est premièrement pure, ensuite pacifique, modérée, conciliante, pleine de miséricorde et de bons fruits, exempte de duplicité, d'hypocrisie (Jacques 3:17).* Si vous voulez conseiller quelqu'un, vous pouvez facilement décider si vous avez ou non la compassion de Christ en vous posant cette question: «Suis-je prêt à être conciliant?» «Est-ce que mon conseil va apporter la paix ou la confusion?» Dieu n'est pas l'auteur du désordre, mais de la paix (1 Corinthiens 14:33).

Il peut nous arriver parfois de dire les bonnes choses, mais dans une mauvaise attitude. Cela ne produit pas les résultats spirituels que Dieu désire. Nous pouvons répondre à ceux qui nous entourent comme un agneau ou comme un serpent. Un agneau est prêt à se soumettre et même à être mené à la boucherie (Esaïe 53:7). L'ennemi va toujours se dresser comme un serpent, dans une attitude de défiance: «Qui est-tu pour me dire ce que je dois faire?»

Dieu nous a appelés à répondre avec compassion aux autres et à les servir comme un agneau – avec amour et compassion.

REFLEXION
Quelle est la différence entre le fait de servir avec compassion et le fait de servir sans compassion? Nommez les points de la checklist de Jacques 3:17 qui sont évidents lorsque vous servez les autres.

Jour 2
Commencer petit

Alors que nous servons les autres avec un cœur rempli d'amour et de compassion, nous devons reconnaître que le Seigneur a donné au sein de son peuple toute une variété de ministères différents. 1 Corinthiens 12:4-7, 11, nous dit: *Il y a diversité de dons, mais le même Esprit; diversité de ministères, mais le même Seigneur; diversité d'opérations, mais le même Dieu qui opère tout en tous. Or, à chacun la manifestation de l'Esprit est donnée pour l'utilité commune. Un seul et même Esprit opère toutes ces choses, les distribuant à chacun en particulier comme il veut.*

J'ai rencontré des gens qui se sentent appelés à servir les autres par le chant ou la direction de la louange, alors qu'en réalité ils chantent comme des bourdons. Le Seigneur ne leur a tout simplement pas donné la capacité de chanter. Il nous faut plus qu'une motivation intérieure pour un don spirituel particulier, nous devons également avoir une aptitude dans ce domaine. Dieu est Celui qui nous donne la capacité d'accomplir n'importe quel type de ministère. Nous saurons que nous fonctionnons dans le ministère que Dieu nous a confié parce qu'il va produire certains résultats.

Un groupe de maison ou une cellule constitue un bon endroit pour commencer à servir les autres. Peut-être Dieu vous appelle-t-il à prophétiser? Commencez dans votre groupe de maison. Peut-être vous a-t-il inspiré un chant qui serait une bénédiction pour d'autres croyants? Commencez dans votre groupe de maison. Alors que vous êtes fidèle dans ce contexte plus petit, le Seigneur peut ensuite vous libérer dans des contextes plus grands à l'avenir.

Parfois, des gens ont ce que l'on peut appeler «le réflexe du prédicateur». Ils pensent constamment qu'ils sont responsables de prêcher et d'enseigner à chaque réunion où ils se rendent. Le fait de désirer prêcher la Parole est un désir très noble. Cependant, le cœur du ministère est de servir. Comme mentionné dans le chapitre précédent, Etienne et Philippe ont servi aux tables, puis Dieu les a libérés dans un puissant ministère d'évangélisation. Ils ont commencé par servir pratiquement. Nous devrions suivre leur exemple.

REFLEXION
Comment pouvez-vous commencer à laisser le Seigneur vous utiliser dans votre/vos don(s) spirituel(s)?
Est-ce que les autres reconnaissent le(s) don(s) qui est en vous?

Jour 3
Ce qui compte pour l'éternité

Il y a bien des années, nous passions une bonne partie de notre temps à servir un groupe de jeunes qui avait grandi dans des foyers non-chrétiens. Un jour, certains de ces jeunes se sont assis sur le toit de notre Volkswagen et l'ont endommagé. A partir de ce moment-là, à chaque chute de pluie, des gouttes d'eau s'infiltraient dans l'habitacle et mouillaient mes genoux alors que je conduisais. Pendant quelques jours, j'ai du veiller à mon attitude. Cela valait-il la peine de servir ces jeunes sans égards qui avaient abîmé mon toit de voiture et ne semblaient montrer aucune appréciation pour ce que nous faisions pour eux? Mais je me suis vite repris: «Qu'est-ce qui est vraiment important, de toute manière?» Tout ce qui importait, c'était où ces jeunes allaient passer l'éternité. Aujourd'hui, certains de ces jeunes sont des chrétiens dynamiques.

Lorsque nous voyons la vie avec la perspective de Dieu, nous réalisons que tout ce qui compte vraiment, c'est notre relation avec Dieu et notre relation avec les gens que nous servons autour de nous. L'appel de Dieu sur nos vies consiste d'abord à l'aimer, puis à aimer les gens. L'apôtre Paul le formule ainsi dans 1 Corinthiens 9:22: *J'ai été faible avec les faibles, afin de gagner les faibles. Je me suis fait tout à tous, afin d'en sauver de toute manière quelques-uns.*

Si nous aimons vraiment les gens de l'amour de Jésus-Christ et que nous les voyons avec la perspective de Dieu, nous serons prêts à faire tout ce qui est nécessaire pour les aider à découvrir Jésus et à entrer dans l'appel de Dieu sur leur vie. De nombreux aspects que nous considérons importants sont en réalité des détails aux yeux de

Dieu. Aimons Jésus et aimons-nous les uns les autres en réalisant que nous sommes des serviteurs. Puis rejoignons ceux qui nous entourent en son nom. Dieu appelle toutes sortes de personnes à faire partie de son Eglise, selon Galates 3:28: *Il n'y a plus ni Juif ni Grec, il n'y a plus ni esclave ni libre, il n'y a plus ni homme ni femme; car tous vous êtes un en Jésus-Christ.*

Je suis enthousiaste lorsque je me rends à une réunion de croyants et que je les vois s'aimer et s'accepter les uns les autres. Une personne vêtue d'un complet cravate est assise à côté d'une autre portant une vieille paire de jeans. Il n'y a pas de distinctions sociales, nationales, raciales ou de genre en ce qui concerne notre relation avec le Seigneur. Ce n'est pas l'apparence extérieure qui est importante, mais ce qui est à l'intérieur – un cœur en cours de transformation par Jésus-Christ.

REFLEXION
Comment nous faire «tout à tous» (1 Corinthiens 9:22)?
Pourquoi est-il important d'aimer tout le monde, quels que soient leur genre, leur niveau social, leur âge, leur race ou leur culture?

Jour 4
Dieu utilise des gens imparfaits

Prenons quelques instants pour nous pencher sur le genre de personnes que Dieu appelle au leadership pour servir les autres. Cela va peut-être vous surprendre. Commençons par Moïse. *Moïse dit à Dieu: Qui suis-je, pour aller vers Pharaon, et pour faire sortir d'Égypte les enfants d'Israël? Dieu dit: Je serai avec toi… (Exode 3:11-12).*

Moïse ne se sentait pas capable d'accomplir la tâche à laquelle le Seigneur l'appelait. La plupart des chrétiens appelés au ministère ont ce même sentiment. Il savent qu'ils doivent s'appuyer sur les forces de Dieu et non sur les leurs. La première fois que j'ai conduit une étude biblique, cela représentait pour moi une tâche monumentale, mais j'ai fait un pas de foi parce que je savais que Dieu me donnerait les forces nécessaires. Josué était craintif lorsqu'il a répondu à l'appel de Dieu sur sa vie. Dieu dit à Josué: *Ne t'ai-je pas donné cet ordre: Fortifie-toi et prends courage? Ne t'effraie point et ne t'épouvante point, car l'Éternel, ton Dieu, est avec toi dans tout ce que tu entreprendras (Josué 1:9).*

Le Seigneur a dû encourager Josué à plusieurs reprises dans sa nouvelle fonction de leader. Nous ne dépendons pas de notre capacité, mais de celle de Dieu en nous. Si vous avez l'impression de ne pas avoir tous les dons naturels pour servir les autres efficacement, soyez encouragés! Vous êtes en bonne compagnie. Moïse, Josué et de nombreux autres tout au long des Ecritures ont eu le même sentiment. Mais Dieu les a utilisés malgré tout. La Bible nous montre que Dieu a choisi d'utiliser des gens imparfaits pour accomplir ses desseins et confondre la sagesse de ceux qui semblent être sages dans ce monde (1 Corinthiens 1:27).

REFLEXION
Décrivez des situations où vous vous êtes senti inadéquat pour servir, mais où Dieu vous a donné la grâce de pouvoir le faire. Que nous promet le Seigneur dans Josué 1:9?

Jour 5
N'ayez pas peur

Gédéon constitue un autre personnage qui a été effrayé lorsque Dieu l'a appelé dans le ministère et le leadership. *Ah! mon seigneur, si l'Éternel est avec nous, pourquoi toutes ces choses nous sont-elles arrivées? Et où sont tous ces prodiges que nos pères nous racontent, quand ils disent: L'Éternel ne nous a-t-il pas fait monter hors d'Égypte? Maintenant l'Éternel nous abandonne, et il nous livre entre les mains de Madian!*

L'Éternel se tourna vers lui, et dit: Va avec cette force que tu as, et délivre Israël de la main de Madian; n'est-ce pas moi qui t'envoie?

Gédéon lui dit: Ah! mon seigneur, avec quoi délivrerai-je Israël? Voici, ma famille est la plus pauvre en Manassé, et je suis le plus petit dans la maison de mon père.

L'Éternel lui dit: Mais je serai avec toi, et tu battras Madian comme un seul homme (Juges 6:13-16).

Vous êtes-vous déjà senti comme Gédéon? Vous savez que Dieu vous appelle au leadership, et pourtant lorsque vous considérez votre historique et votre expérience, vous avez de la peine à croire qu'il puisse vous utiliser dans ce domaine. Pourtant, si vous cherchez à servir le Seigneur, il promet qu'il sera avec vous (Matthieu 28:19-20).

Jérémie est un autre individu qui ne se sentait pas à la hauteur, tout comme le sont de nombreux jeunes lorsque Dieu les appelle à servir les autres. Jérémie, un jeune homme, répond au Seigneur dans Jérémie 1:6-8.

Ah! Seigneur Éternel! voici, je ne sais point parler, car je suis un enfant.

Et l'Éternel me dit: Ne dis pas: Je suis un enfant. Car tu iras vers tous ceux auprès de qui je t'enverrai, et tu diras tout ce que je t'ordonnerai. Ne les crains point, car je suis avec toi pour te délivrer, dit l'Éternel.

Ce sentiment de ne pas être à la hauteur est un fil rouge qui traverse la vie de tous ces individus lorsqu'ils répondent au Seigneur qui les appelle au leadership et au ministère. C'est là le genre de personnes que le Seigneur va utiliser – ceux qui doivent dépendre totalement de lui. Quelle que soit votre tâche dans la vie, le Seigneur promet qu'il sera avec vous pour vous aider.

Peut-être avez-vous l'impression d'avoir fait trop d'erreurs et que le Seigneur ne pourra plus jamais vous utiliser. Mais pensez à Jonas. Après qu'il ait fui loin de Dieu et été avalé par un grand poisson, la Bible dit: La parole de l'Éternel fut adressée à Jonas une seconde fois, en ces mots (Jonas 3:1).

Dieu est toujours le Dieu des secondes chances. Nous devons placer toute notre confiance en lui. Nous devons être convaincus que si Dieu n'intervient pas, tout est terminé. Dieu est un spécialiste pour utiliser ceux qui ne se sentent pas à la hauteur de la tâche. Souvenez-vous, l'homme regarde à ce qui frappe les yeux, mais l'Eternel regarde au cœur (1 Samuel 16:7). Lorsque notre cœur est au bon endroit – en totale soumission au Seigneur – c'est étonnant de voir ce que le Seigneur peut faire pour nous préparer et nous équiper pour les responsabilités auxquelles il nous appelle.

REFLEXION
Avez-vous déjà dit non à Dieu? En quelle circonstance?
Vous a-t-il donné une seconde chance?

Jour 6
Connectés et protégés

Le projet de Dieu sur la terre aujourd'hui est de bâtir son Eglise (Matthieu 16:18). Son Eglise universelle est composée de multitudes d'églises locales dans toutes les régions du monde. Leur objectif est de prêcher l'évangile, d'amener des hommes et des femmes au salut et dans une relation avec Christ. Chaque église locale devrait désirer motiver ses membres à rejoindre les gens de l'extérieur. Les responsables de l'église d'Antioche se sont réunis pour jeûner et prier, puis ils ont envoyé une équipe missionnaire dynamique.

Il y avait dans l'Église d'Antioche des prophètes et des docteurs: Barnabas, Siméon appelé Niger, Lucius de Cyrène, Manahen, qui avait été élevé avec Hérode le tétrarque, et Saul. Pendant qu'ils servaient le Seigneur dans leur ministère et qu'ils jeûnaient, le Saint Esprit dit: Mettez-moi à part Barnabas et Saul pour l'œuvre à laquelle je les ai appelés. Alors, après avoir jeûné et prié, ils leur imposèrent les mains, et les laissèrent partir (Actes 3:1-3).

Paul et Barnabas n'ont pas été envoyés dans une mission solitaire. L'église a soutenu et encouragé l'équipe missionnaire, qui lui a par la suite donné un rapport en leur racontant tout ce qui s'était passé. *De là ils s'embarquèrent pour Antioche, d'où ils avaient été recommandés à la grâce de Dieu pour l'œuvre qu'ils venaient d'accomplir. A leur arrivée, ils convoquèrent l'Église, et ils racontèrent tout ce que Dieu avait fait avec eux, et comment il avait ouvert aux nations la porte de la foi (Actes 14:26-27).*

Ceci montre l'importance d'être envoyé par son église locale pour un service particulier et de lui rapporter ce que le Seigneur fait à travers nous. Le désir du Seigneur est de continuer à bâtir son Eglise – les communautés de croyants de votre ville et de votre région. Jésus a dit à ses disciples que les portes de l'enfer ne prévaudraient pas contre l'Eglise de Jésus-Christ (Matthieu 16:18).

Parfois, en raison de leur zèle ou de leur manque de compréhension des Ecritures, les chrétiens s'enthousiasment pour servir les autres sans être adéquatement connectés à leur église locale. J'ai rencontré toutes sortes de gens au fil des années qui n'étaient pas bien connectés au corps de Christ et qui ont passé par diverses épreuves qui auraient pu être évitées. Alors que nous servons les autres, il est important que nous soyons connectés de manière adéquate et protégés par notre église locale.

REFLEXION
Comment êtes-vous connecté à et protégé par votre église locale? Que peut-il se passer si vous n'êtes pas connecté?

Jour 7
Nous sommes tous des rois et des prêtres

Bien que cela soit difficile à reconnaître, nous basons parfois notre compréhension de Dieu sur nos idées préconçues et sur nos expériences passées. Les Baptistes grandissent avec une compréhension baptiste des Ecritures, et il en va de même des Méthodistes, des Luthériens, des Charismatiques, et ainsi de suite. En fonction de la dénomination de notre église, nous sommes convaincus que notre compréhension théologique est la bonne.

En fait, nous devrions nous assurer que ce que nous croyons est basé sur la parole de Dieu et non sur une compréhension traditionnelle tordue. Les chrétiens de Bérée refusaient de prendre pour argent comptant tout ce que Paul leur annonçait. Ils rentraient chez eux et étudiaient les Ecritures pour s'assurer que ce que Paul leur disait était vraiment correct... *ils reçurent la parole avec beaucoup d'empressement, et ils examinaient chaque jour les Écritures, pour voir si ce qu'on leur disait était exact (Actes 17:11).*

Est-il possible que certaines traditions que nous considérons comme complètement bibliques ne soient pas du tout basées sur la Bible? Est-il possible que la véritable raison pour laquelle nous faisons certaines choses, c'est que nos parents et grands-parents spirituels les faisaient? J'ai entendu l'histoire d'une jeune mère qui coupait toujours les extrémités d'un jambon avant de le cuire au four. Lorsque quelqu'un lui demanda pourquoi elle suivait cette procédure, elle a répondu: «Parce que ma grand-mère le faisait.» Ce qu'elle ne savait pas, c'est que le plat de sa grand-mère était trop petit pour contenir le jambon entier – c'est la seule raison pour laquelle la grand-mère devait couper les extrémités!

Certaines traditions sont bonnes; cependant, nous devons nous assurer que nos façons de penser sont les mêmes que celles de Dieu. Je crois que l'une de mauvaises traditions (non bibliques) dans l'église est la compréhension que le pasteur devrait faire tout le ministère, tandis que les autres saints se contentent de venir semaine après semaine pour être nourris. Comme nous l'avons découvert dans cet ouvrage en sondant les Ecritures, chaque saint est appelé à servir, faute de quoi l'Eglise ne sera jamais bâtie comme le Seigneur l'aurait voulu.

De nombreux chrétiens aujourd'hui ont élevé les pasteurs d'une église locale au rang de saints hommes qui se tiennent entre eux et Dieu. L'Ecriture nous montre que nous avons tous été appelés à être des rois et des prêtres. *...et qui a fait de nous un royaume, des sacrificateurs pour Dieu son Père... (Apocalypse 1:6).*

Nous avons tous un accès direct auprès du Seigneur par le sang de Jésus-Christ. Gloire à Dieu pour les pasteurs, les anciens et les responsables spirituels que le Seigneur a placés dans nos vies, mais nous ne devrions pas nous attendre à ce qu'ils exercent l'ensemble du ministère. Nous sommes appelés par Dieu à servir les autres. Nos responsables spirituels devraient nous encourager, nous équiper et nous former pour que nous soyons des ministres qui servent les autres. Attendez-vous à servir aujourd'hui. Demandez au Seigneur de vous ouvrir les yeux pour voir les besoins qui vous entourent. Puis attendez-vous à ce que le Seigneur vous donne la grâce et la force de servir les autres.

REFLEXION
Comment êtes-vous responsable de ce que vous croyez?
Comment Apocalypse 1:6 est-il lié à cette responsabilité?

CHAPITRE 4

Nous sommes dans l'équipe de Jésus!

VERSET CLÉ À MÉMORISER

Nous portons ce trésor dans des vases de terre, afin que cette grande puissance soit attribuée à Dieu, et non pas à nous.

2 Corinthiens 4:7

Jour 1

Vivez chaque jour pleinement

Comment vous sentiriez-vous si le président ou le premier ministre de votre nation vous invitait personnellement à servir dans son équipe? En fait, j'ai une nouvelle encore plus extraordinaire pour vous – le Roi de l'univers entier vous a choisi pour être un de ses ministres! Lorsque nous nous levons le matin, plutôt que de redouter la journée qui nous attend, nous pouvons être assuré que Dieu veut nous utiliser comme l'un de ses ministres. Lorsque nous allons au travail, à l'école, ou que nous servons dans nos maisons ou nos communautés, Dieu nous appelle à être ses ministres, ses serviteurs. Dieu orchestre ses plans dans nos vies pour que nous puissions rencontrer des gens qui ont besoin de Jésus-Christ et de son ministère. Alors que nous lui faisons confiance avec foi, il va réaliser ses plans dans nos vies.

Un des pièges de l'ennemi, pour tenter de nous empêcher de nous épanouir dans le Seigneur et dans le service, consiste à essayer de nous pousser à nous inquiéter de notre avenir. Dieu veut que nous vivions chaque jour pleinement et que nous lui permettions de régner au sein de nos difficultés. Matthieu 6:33-34 nous dit: *Cherchez premièrement le royaume et la justice de Dieu; et toutes ces choses vous seront données par-dessus. Ne vous inquiétez donc pas du lendemain; car le lendemain aura soin de lui-même. A chaque jour suffit sa peine.*

Chacune de vos difficultés est une opportunité pour un miracle. Alors que vous lisez votre Bible, vous découvrirez que chaque miracle a été précédé par un problème. La mer Rouge a été ouverte parce que les enfants d'Israël avaient un problème – ils devaient fuir les Egyptiens qui les poursuivaient. Jésus a nourri les cinq mille hommes parce qu'ils avaient un problème – les gens avaient faim. L'aveugle a été guéri parce qu'il avait un problème – il ne pouvait pas voir. Dieu désire vous utiliser comme instrument pour sa puissance miraculeuse.

Il y a quelques années, je parlais avec un groupe de personnes et j'ai reçu une impression du Seigneur qu'une des femmes présentes vivait avec une crainte profonde qui la tourmentait depuis des années. Lorsque j'ai partagé cette pensée avec elle et les autres personnes dans la pièce, elle s'est mise à pleurer. Nous avons prié pour elle et Jésus a communiqué sa paix et sa guérison. Gardez vos yeux ouverts, il y a des besoins autour de vous. Vous pouvez apporter des paroles de vie aux autres.

REFLEXION
Qu'est-ce qui vous sera donné lorsque vous cherchez premièrement le royaume de Dieu (Matthieu 6:33-34)?
Que se passe-t-il lorsque vous donnez des paroles d'encouragement aux autres?

Jour 2
Attendez-vous à ce que Jésus vous utilise

Certains chrétiens pensent qu'ils doivent planifier toute leur vie. Mais en fait, avec Jésus, nous vivons un jour à la fois. La vie représente plus qu'un match de football. L'entraîneur de l'équipe ne peut pas planifier chaque match dans tous les détails, car la stratégie nécessaire va dépendre du jeu de l'équipe opposée. Dans le «match de la vie», l'ennemi a des plans et Dieu a des plans. Nous nous tenons au milieu sur le terrain. Faisons confiance à Jésus jour après jour, minute après minute, et attendons-nous à ce qu'il nous utilise pour servir les autres.

Lorsque nous développons notre relation avec le Seigneur et que nous apprenons à écouter sa voix, nous allons réaliser qu'il est toujours à l'œuvre autour de nous. Jésus a dit: *…Mon Père agit jusqu'à présent; moi aussi, j'agis… En vérité, en vérité, je vous le dis, le Fils ne peut rien faire de lui-même, il ne fait que ce qu'il voit faire au Père; et tout ce que le Père fait, le Fils aussi le fait pareillement. Car le Père aime le Fils, et lui montre tout ce qu'il fait; et il lui montrera des œuvres plus grandes que celles-ci, afin que vous soyez dans l'étonnement (Jean 5:17, 19-20).*

Qu'est-ce que le Père est en train de faire autour de vous maintenant? Découvrons ce que le Père est en train de faire et joignons-nous à lui comme ses partenaires et ses ministres. Souvenez-vous – Dieu est l'initiateur; nous ne faisons que répondre à son appel. *Nul ne peut venir à moi, si le Père qui m'a envoyé ne l'attire… (Jean 6:44).*

Dieu est en train d'attirer des gens à Jésus-Christ. Observons et prions, puis agissons quand le Saint-Esprit nous conduit à servir les autres.

REFLEXION

Comment découvrons-nous le plan de Dieu pour nos vies?
Comment nous joindre à Jésus pour servir les autres?

Jour 3
Servir par Son amour

N'oubliez jamais – même si c'est important de servir les autres, Dieu désire une relation personelle avec chacun d'entre nous. Il nous aime vraiment. Comment pouvons-nous savoir que Jésus nous aime? Parce qu'il a donné sa vie pour nous à la croix il y a deux mille ans. Jésus nous aime autant que son Père l'aime.

Comme le Père m'a aimé, je vous ai aussi aimés. Demeurez dans mon amour. Si vous gardez mes commandements, vous demeurerez dans mon amour, de même que j'ai gardé les commandements de mon Père, et que je demeure dans son amour. Il n'y a pas de plus grand amour que de donner sa vie pour ses amis (Jean 15:9-10, 13).

Ma fille a une fois prié avec une jeune femme dans une autre nation. «Aimez-vous Jésus?», lui a-t-elle demandé. «Oh, oui,» a répondu la jeune femme, «mais je n'aime pas Dieu le Père.» Elle a poursuivi en expliquant que son père l'avait molestée et que, à cause de cette expérience, elle n'arrivait pas à faire confiance au Père céleste. Ma fille lui a expliqué que Dieu, notre Père céleste, l'aime parfaitement.

Comment savons-nous que Dieu nous aime parfaitement? A cause de la croix. Jésus est allé jusqu'à la croix pour mourir pour nous. La croix de Jésus-Christ constitue la preuve de son amour. Alors que nous servons les autres, nous devons servir à partir d'une compréhension de l'amour de Dieu pour nous. Nous ne devrions jamais servir pour être acceptés par Dieu ou par les autres. Nous servons parce que nous sommes acceptés par Dieu, et cela nous rend capables d'être des serviteurs de son amour. Dans Esaïe 43:4, Dieu exprime son amour pour Israël. *Parce que tu as du prix à mes yeux, parce que tu es honoré et que je t'aime...*

Le même amour s'applique à vous et moi aujourd'hui. Dieu nous aime vraiment! Il nous a rachetés et nous lui appartenons. Alors que nous expérimentons cet amour, nous pouvons alors le communiquer efficacement à ceux qui nous entourent. Des amoureux se disent plusieurs fois par jour qu'ils s'aiment. Nous devons dire à notre Dieu combien nous l'aimons. Jésus nous a dit à des multiples reprises dans sa Parole combien il nous aime. Nous pouvons devenir des serviteurs efficaces lorsque nous réalisons l'acceptation et l'amour de Dieu dans nos propres vies.

REFLEXION
Qu'avez-vous appris au sujet de l'amour de Dieu dans les versets ci-dessus tirés du livre de Jean?
Comment pouvons-nous aimer les autres comme Jésus?

Jour 4
Partenaires de Jésus

Nous avons le privilège d'être partenaires avec Dieu et d'être impliqués dans ce qu'il fait sur la terre aujourd'hui. La Bible nous dit dans Jean 15:16: *Ce n'est pas vous qui m'avez choisi, mais moi je vous ai choisis, et je vous ai établis...*

Dieu a choisi de nous utiliser. Lorsque j'étais un jeune homme, je jouais au baseball avec mes copains d'école. Cependant, comme je n'étais pas un très bon joueur, il m'arrivait de ne pas être choisi dans une équipe. Je me souviens me tenir debout avec une rangée d'autres garçons, attendant d'être choisi pour jouer dans une équipe. Je me sentais si bien lorsque j'étais choisi. Dieu veut que vous sachiez qu'il vous a choisi pour servir dans son équipe. Il vous a établi pour porter du fruit pour lui.

Partout où vous vous rendez cette semaine, demandez à Jésus: «Seigneur, que fais-tu autour de moi? Ouvre mes yeux spirituels pour voir ce que tu vois. Je sais que tu m'aimes, donc comment veux-tu que je m'implique à tes côtés cette semaine?» Peut-être qu'il aimerait que vous donniez une parole d'encouragement à quelqu'un, ou que vous lui écriviez un petit mot. Peut-être le Seigneur vous conduira-t-il à prier pour quelqu'un qui a besoin d'être encouragé et fortifié. Peut-être vous appelle-t-il à rejoindre quelques enfants ou à écouter quelqu'un qui passe par une période difficile.

Je ne sais pas pourquoi Dieu a choisi d'utiliser des hommes et des femmes, mais il l'a fait. Si j'étais à sa place, je n'aurais probablement pas choisi d'utiliser des gens. Nous faisons tellement d'erreurs en tant qu'êtres humains. Mais Dieu a choisi de nous utiliser pour accomplir son œuvre sur cette planète. Demeurons dans l'assurance dans son amour pour nous, afin de pouvoir servir les autres efficacement en son nom.

RÉFLEXION
Que ressentez-vous de savoir que vous êtes partenaire de Jésus? Comment portez-vous du fruit pour Jésus?

Jour 5
Décidez d'obéir

Afin de pouvoir être efficace en tant que croyant en Jésus-Christ, nous devons prendre la décision de lui obéir chaque jour comme un serviteur. Paul a écrit à l'église de Corinthe pour l'encourager à obéir au Seigneur en toute choses, quoi qu'il arrive. *...car je vous ai écrit aussi dans le but de connaître, en vous mettant à l'épreuve, si vous êtes obéissants en toutes choses (2 Corinthiens 2:9).*

La vie est une série de décisions. Aujourd'hui, vous allez prendre des décisions qui peuvent affecter le reste de votre vie. Assurons nous de constamment reconnaître le Seigneur dans toutes nos prises de décisions, afin de pouvoir réellement être les partenaires de Jésus au service de Dieu.

Naaman, dans l'Ancien Testament, souhaitait être guéri, et il est venu trouver le prophète Elisée (2 Rois 5). Celui-ci lui a dit d'aller se laver dans le Jourdain à sept reprises. Naaman a d'abord réagi négativement, mais il a pris ensuite la décision, sur le conseil de ses serviteurs, de suivre l'ordre du prophète. Lorsqu'il s'est lavé dans le Jourdain, il a été guéri. L'obéissance a été payante pour Naaman.

L'obéissance est toujours payante. Chaque jour, vous et moi avons l'opportunité et le privilège d'être serviteurs des autres. L'ennemi va tenter de nous amener à être centrés sur nous-mêmes, à ne penser qu'à nous-mêmes et à nos propres besoins et problèmes. Cependant, lorsque nous prenons chaque jour la décision au nom de Jésus d'être ses partenaires, la vie prend un tout nouveau sens.

Je suis très reconnaissant pour tous ceux qui m'ont servi. Je suis reconnaissant pour la jeune femme qui m'a parlé de Jésus-Christ il y a de nombreuses années. Je suis reconnaissant pour un pasteur qui a été patient avec moi et qui m'a servi lorsque j'ai été baptisé dans le Saint-Esprit. Je suis reconnaissant pour mes parents et tous les autres qui ont pourvu à mes besoins lorsque j'étais un petit garçon, en me servant de toutes sortes de manières pratiques. Je suis reconnaissant pour les autres croyants qui m'ont encouragé. La Bible nous montre qu'il sera demandé beaucoup à ceux qui ont beaucoup reçu (Luc 12:48). Dieu a été très bon pour nous. Maintenant, il nous demande de servir les autres. Prenons aujourd'hui la décision de le faire!

REFLEXION
Comment obéissez-vous à Jésus dans votre prise de décision?

Jour 6
Plaire à Dieu plutôt qu'aux hommes

Alors que vous commencez à sortir par la foi de votre zone de confort et à servir les autres, vous allez découvrir que parfois vous serez mal compris. Par exemple, lorsque Jésus a guéri un aveugle, tant Jésus que l'homme qu'il a guéri ont été mal compris. Lorsque les responsables religieux ont demandé à l'aveugle s'il pensait que Jésus était un pécheur ou non, il a répondu… *S'il est un pécheur, je ne sais; je sais une chose, c'est que j'étais aveugle et que maintenant je vois (Jean 9:25).*

Cet homme a refusé de se défendre. Il a simplement dit la vérité. Lorsque vous et moi choisissons d'obéir au Dieu vivant et de servir les autres au nom de Jésus, nous ne devrions pas être surpris si nous sommes parfois mal compris. Rappelez-vous – c'est Dieu que nous servons d'abord, pas les hommes. Nous allons découvrir que tout le monde ne va pas toujours nous comprendre. Jésus et ses apôtres ont souvent été incompris. En fait, l'apôtre Paul écrit: *Et maintenant, est-ce la faveur des hommes que je désire, ou celle de Dieu? Est-ce que je cherche à plaire aux hommes? Si je plaisais encore aux hommes, je ne serais pas serviteur de Christ (Galates 1:10).*

Le fait de plaire à Dieu devrait être notre priorité. Si nous désirons plaire aux hommes plutôt qu'à Dieu, nous ne sommes plus des serviteurs efficaces de Jésus-Christ. Lorsque j'ai été baptisé dans le Saint-Esprit, de nombreuses personnes ne m'ont pas compris – dont des gens bien intentionnés. Parfois, lorsque j'ai eu le privilège de conduire des gens à la foi en Jésus-Christ, leurs amis et les membres de leur famille se sont fâchés contre moi. Mais c'est là le prix que nous pouvons avoir à payer en tant que disciples de Jésus-Christ appelés à servir les autres.

Lorsque nous servons les autres au nom de Jésus, nous sommes appelés à les aimer et parler d'une manière qui apporte la paix et la bénédiction de Dieu sur eux. *S'il est possible, autant que cela dépend de vous, soyez en paix avec tous les hommes (Romains 12:18).* Cependant, nous ne pouvons pas nous concentrer uniquement sur le fait de plaire aux autres, aux dépens de plaire à Jésus. Les premiers apôtre déclaraient avec courage: «Nous devons obéir à Dieu plutôt qu'aux hommes» (Actes 5:29).

REFLEXION
Avez-vous déjà tenté de vivre en paix avec quelqu'un, mais avez dû obéir à Dieu d'abord?

Jour 7
Dieu vous a choisis

Une des plus grandes façons pour nous de vivre et de continuer à bâtir une relation d'amour avec le Seigneur consiste à devenir ses partenaires. Il désire accomplir des choses plus grandes à partir de nos vies. *En vérité, en vérité, je vous le dis, celui qui croit en moi fera aussi les œuvres que je fais, et il en fera de plus grandes, parce que je m'en vais au Père; tout ce que vous demanderez en mon nom, je le ferai, afin que le Père soit glorifié dans le Fils. Si vous demandez quelque chose en mon nom, je le ferai (Jean 14:12-14).*

Pendant l'année de nos fiançailles, avant notre mariage, nous avons passé beaucoup de temps à servir auprès des jeunes, En étant ainsi partenaires dans le service, le Seigneur nous a appris à nous connaître plus profondément. Le même concept s'applique à notre relation avec le Seigneur Jésus. Alors que nous devenons ses partenaires au service des autres, nous allons apprendre à le connaître plus profondément.

Gardez vos «yeux spirituels» ouverts. Qu'est-ce que Jésus est en train de faire dans votre vie, dans la vie de vos bien-aimés et dans la vie de ceux qu'il a placés autour de vous? Comment vous a-t-il appelés à être ses partenaires pour servir les autres? Attendez-vous à ce que le Seigneur vous utilise aujourd'hui, et rappelez-vous… *Nous portons ce trésor dans des vases de terre, afin que cette grande puissance soit attribuée à Dieu, et non pas à nous (2 Corinthiens 4:7).*

Nous avons le trésor, notre Seigneur Jésus-Christ, en nous. La puissance que nous avons pour servir les autres ne vient pas de nous – elle vient de lui. Nous sommes de faibles «vases de terre», mais Jésus vit puissamment en nous dans notre faiblesse humaine.

Lorsque vous imposez les mains aux malades et priez pour leur guérison, attendez-vous à ce que leur état s'améliore. Christ vit en vous! Alors que vous prononcez des paroles d'encouragement aux autres, attendez-vous à ce que le Seigneur vous utilise pour stimuler leur foi. Et n'oubliez jamais – Dieu, le Roi de tout l'univers, vous a choisi comme l'un de ses ministres!

REFLEXION

Quels sont les fruits de notre partenariat avec le Seigneur (Jean 14:12-14)? Décrivez une situation où vous vous sentiez faible mais où le Seigneur vous a donné sa force dans votre faiblesse humaine.

Appelés à servir
Canevas du chapitre 1

Chacun peut servir

1. **Nous sommes équipés pour servir**
   a. Les responsables d'église sont appelés à équiper chaque croyant pour son service particulier (Ephésien 4:11-12).
   b. Lorsque les responsables forment les croyants pour le service, ils allègent leur propre fardeau et peuvent ainsi «se consacrer à la prière et au ministère de la Parole» (Actes 6:3b-4).

2. **Tout le monde peut servir**
   a. Exercer un ministère, être un ministre, c'est servir, s'occuper de quelque chose ou de quelqu'un. Chaque chrétien est appelé à servir les autres.
   b. Marc 16:17-18 parle de certains signes qui accompagnent les disciples et qui confirment l'authenticité de leur message. Ces signes sont censés accompagner tous les chrétiens, pas seulement les responsables.

3. **Sommes-nous spirituellement actifs?**
   a. Nous devenons faibles spirituellement lorsque nous ne nous exerçons pas spirituellement (Hébreux 5:14).
   b. Nous nous exerçons spirituellement en pratiquant et en vivant ce que Dieu nous a demandé – servir.

4. **Comment servir**
   a. Laver la voiture de quelqu'un, préparer un gâteau, prier pour les malades, servir les enfants de l'école du dimanche, enseigner – ce sont différentes manières de servir.
   b. Nous sommes des ministres compétents (2 Corinthiens 3:5-6).

5. **Sortons de notre zone de confort**
   a. Il est parfois difficile de sortir de notre zone de confort pour entrer dans des choses nouvelles, mais Dieu nous a appelés à dépendre de ses capacités et à marcher par la foi (Hébreux 11:6).
   b. Nos maisons constituent d'excellents lieux de ministère. Vous êtes peut-être appelés à donner de sages conseils à quelqu'un (Esaïe 9:6).

6. **Ce n'est pas notre capacité, mais la sienne**
   a. Demandez au Seigneur de vous ouvrir les yeux sur les façons dont vous pourriez servir les gens qui vous entourent, et ainsi les aimer comme Jésus les aime (Jean 3:16).
   b. Le service des autres est pratique: aider à réparer une voiture, servir dans la garderie d'une église…
   c. Nous n'avons peut-être pas toujours envie de le faire, mais nous sommes morts à nos envies égoïstes (Galates 2:20).

7. **L'amour conquiert tout**
   a. Nous ne pouvons pas être dans la crainte ou nous sentir inadéquats pour le service.
   1 Jean 4:18
   b. Pierre et Jean ont servi avec courage même s'ils étaient «des gens ordinaires, sans éducation» (Actes 4:13).
   c. La grâce de Dieu est suffisante pour nos vies quotidiennes.
   2 Corinthiens 12:9-10

**Appelés à servir
Canevas du chapitre 2**

Nous sommes appelés à servir

1. **Que faire si vous voulez être grand**
   a. La mère de Jacques et de Jean est venue vers Jésus pour demander que ses fils soient assis à sa droite et à sa gauche dans son Royaume.
   Matthieu 20:20-21
   b. Jésus a corrigé cette pensée fausse: le système du monde ne comprend pas le ministère et le leadership.
   Matthieu 20:25-28
   c. Jésus a dit que le véritable leadership démontre un esprit de service.

2. **Service et ministère – une seule et même chose**
   a. Jésus a dit que la grandeur vient par le service.
   Ex: Un responsable âgé dans le corps de Christ que l'on voit servir chaque personne avec laquelle il entre en contact – le garçon d'étage…
   b. Nous ne devrions pas nous élever nous-mêmes (Luc 14:8-11).

3. **Servir dans l'amour**
   a. Apprendre à servir d'abord, même si vous avez les aptitudes pour diriger.
   Ex: Un jeune homme talentueux demande s'il peut enseigner la parole de Dieu lors d'une étude biblique. Le sage responsable lui confie la tâche de mettre en place les chaises pour la réunion semaine après semaine. La disponibilité du jeune homme pour servir a montré au responsable qu'il était prêt pour des choses plus grandes.
   b. Trop de connaissance sans un cœur de compassion et un désir de servir nous amène à être enflés d'orgueil.
   1 Corinthiens 8:1

4. **Comment puis-je vous servir ?**
   a. Chaque croyant est appelé à servir. Humiliez-vous et il vous élèvera (Jacques 4:10).
   b. Lorsque nous servons, les autres seront attirés à nous. Servez par des skètches, en visitant les prisonniers, en ramassant les déchets dans votre quartier, en visitant les personnes âgées : les opportunités sont multiples !

5. **Toucher les autres par le service**
   a. Lorsque les gens qui nous entourent nous voient servir, il vont glorifier Dieu. Matthieu 5:16
   b. Les croyants dans le corps de Christ qui ont des cœurs de serviteurs attirent les autres dans le royaume de Dieu par leur exemple.

6. **Le ministère de soutien**
   a. Les disciples servaient Jésus dans un ministère de soutien comme nous le voyons dans 1 Corinthiens 12:28.
   b. Le «ministère de soutien» est un ministère qui prête assistance, qui aide, soutient ou soulage une autre personne impliquée dans le ministère.
   Ex : Exemples de ministères de soutien dans la Bible
   Luc 8:1-3 ; Matthieu 21:1-11 ; 26:17-30 ; 14:13-21 ; 17:27
   c. Le Seigneur cherche des leaders prêts à servir dans un ministère de soutien pour les préparer pour un leadership futur.

7. **Une formation pour son futur ministère**
   a. Si nous sommes fidèles dans les petites choses, Dieu pourra nous faire confiance pour des responsabilités plus grandes (Luc 16:10).
   Ex : Josué a servi Moïse, Moïse a servi son beau-père, Jésus a passé ses trente premières années dans l'atelier de charpentier de son père, Etienne et Philippe étaient des évangélistes puissants, mais ils ont commencé par servir aux tables (Actes 6:1-17).
   b. Abaissez-vous en servant, afin que Dieu puisse vous élever.
   1 Pierre 5:6

Appelés à servir
Canevas du chapitre 3

Servir avec compassion

1. **Aimer quelle que soit la réaction**
   a. Jésus sert par amour et par compassion.
      Matthieu 9:36
   b. L'amour n'est pas qu'un sentiment, mais une décision.
   c. Alors que nous servons les autres, utilisons Jacques 3:17 comme checklist.

2. **Commencer petit**
   a. Le Seigneur donne différents types de ministères à son peuple (1 Corinthiens 12:4-7, 11).
   b. Trouvez un don ou un talent que le Seigneur vous a donné, et commencez à l'utiliser dans le contexte d'un petit groupe ou de la famille. Le Seigneur va développer le service en vous.

3. **Ce qui compte pour l'éternité**
   a. Si nous aimons vraiment les gens, nous ferons ce qu'il faut pour être en relation avec eux (1 Corinthiens 9:22).
   b. Nous devons aimer quels que soient l'âge, la race, le statut social...
      Galates 3:28

4. **Dieu utilise des gens imparfaits**
   a. Moïse ne se sentait pas capable pour la tache à laquelle Dieu l'appelait. Exode 3:11-12
   b. Le Seigneur a encouragé Josué à entrer dans l'appel posé sur sa vie. Josué 1:9
   c. Beaucoup ne se sentent pas adéquats lorsque Dieu les appelle, mais nous dépendons de la capacité de Dieu, pas de la nôtre. Le Seigneur utilise des gens imparfaits pour accomplir ses desseins et confondre la sagesse des «sages» de ce monde (1 Corinthiens 1:27).

5. **N'ayez pas peur**
   a. Gédéon et Jérémie ont lutté lorsque le Seigneur les a appelés au leadership (Juges 6:13-16; Jérémie 1:6-8).
   b. Si vous vous sentez inadéquat, le Seigneur promet d'être avec vous. Matthieu 28:19-20
   c. Si vous avez l'impression d'avoir fait trop d'erreurs, Dieu est un Dieu de secondes chances (Jonas 3:1).
   d. Dieu regarde au cœur d'un individu (1 Samuel 16:7).

6. **Connectés et protégés**
   a. Paul et Barnabas n'ont pas été envoyés seuls, l'église les soutenait et les encourageait (Actes 14:26-27).
   b. Le Seigneur veut bâtir son Eglise à travers nous alors que nous sommes connectés à nos églises locales et rejoignons les autres pour servir.

7. **Nous sommes tous des rois et des prêtres**
   a. Nous devrions nous assurer que ce que nous croyons est fondé sur la parole de Dieu (Actes 17:11).
   Ex: Parfois, les traditions sont tordues. Une jeune mère qui coupait toujours les extrémités du jambon avant de le cuire. Elle suivait l'exemple de sa grand-mère, mais elle a découvert par la suite que sa grand-mère le faisait parce que son plat de cuisson était trop petit.
   b. Parfois, les traditions dans l'église sont tordues. Par exemple, l'idée qu'un pasteur devrait accomplir tout le ministère.
   c. Nous sommes capables de servir les autres. Nous sommes des rois et des prêtres (Apocalypse 1:6).

Appelés à servir
Canevas du chapitre 4

Nous sommes dans l'équipe de Jésus

1. **Vivez chaque jour pleinement**
   a. Nous ne devrions pas vivre dans le passé ou nous inquiéter de l'avenir. Matthieu 6:33-34.
   b. Chaque problème constitue une opportunité pour un miracle. Prononcez des paroles d'encouragement aux autres et servez-les dans leurs besoins.

2. **Attendez-vous à ce que Jésus vous utilise**
   a. Faites confiance à Jésus minute après minute, développez votre relation avec lui. Il est toujours à l'œuvre autour de nous (Jean 5:17, 19-20).
   b. Découvrez ce que le Seigneur est en train de faire et joignez-vous à lui comme un de ses partenaires et de ses ministres.
   c. Dieu attire les gens à Christ (Jean 6:44), et en réponse nous pouvons les servir.

3. **Servir par Son amour**
   a. Le Seigneur veut avoir une relation d'amour personnelle avec nous. Il nous aime tant (Jean 15:9-10, 13; Esaïe 43:4).
   b. Nous servons parce que nous avons été acceptés par Dieu et nous sommes des ministères capables de son amour.

4. **Partenaires de Jésus**
   a. Le Seigneur nous a choisis pour accomplir sa volonté ici sur la terre (Jean 15:16).
   b. Demandez au Seigneur comment il veut vous utiliser – comment vous pouvez être partenaires avec lui pour servir les autres.

5. **Décidez d'obéir**
   a. Paul encourageait les croyants à obéir au Seigneur quoi qu'il arrive (2 Corinthiens 2:9).
   b. Obéissons au Seigneur en servant les autres, au lieu de ne nous occuper égoïstement que de nos propres vies.

6. **Plaire à Dieu plutôt qu'aux hommes**
   a. Parfois, lorsque vous servez les autres, vous serez incompris, tout comme Jésus et l'homme qu'il a guéri ont été incompris (Jean 9:25).
   b. Paul a dit ne rechercher que l'approbation du Seigneur (Galates 1:10). Plaire à Dieu doit être notre première priorité.
   c. Lorsque nous servons, autant que possible, parlons d'une manière qui transmet la paix et la bénédiction de Dieu (Romains 12:18).

7. **Dieu vous a choisis**
   a. Le Seigneur veut faire ses œuvres plus grandes au-travers de nous. Jean 14:12-14
   b. Attendez-vous à ce que le Seigneur vous utilise. Nous sommes des «vases d'argile» fragiles, mais Jésus vit en nous avec puissance dans notre faiblesse humaine. 2 Corinthiens 4:7
   c. Lorsque vous imposez les mains aux malades, attendez-vous à ce qu'ils se portent mieux, lorsque vous prononcez des paroles d'encouragement aux autres, attendez-vous à ce que le Seigneur vous utilise pour stimuler leur foi.

Questions de méditation supplémentaires

Si vous utilisez ce livret comme guide de méditation quotidienne, vous aurez réalisé qu'il y a vingt-huit jours dans cette étude. Selon le mois, vous pourrez avoir besoin des trois études quotidiennes données ci-dessous.

Jour 29
Qu'est-ce qui a changé?

Lisez Jean 5:1-9. Comment Jésus a-t-il répondu à l'homme infirme depuis des années? Que pouvons-nous apprendre de son exemple alors que nous voyons des gens qui ont des besoins tout autour de nous? Quelles sont les histoires ou les versets bibliques de ces leçons sur le service qui ont eu le plus grand impact sur votre vie? A quels changements vous attendez-vous dans votre style de vie?

Jour 30
Êtes-vous appelé?

Lisez Jean 17:20-26. Comment Jésus nous parle-t-il par ces versets? Qu'est-ce que l'exemple de Jésus nous enseigne concernant le fait de servir les autres? Avez-vous l'impression que Dieu vous appelle fortement dans un ministère particulier? Êtes-vous prêt à commencer en bas de l'échelle? Expliquez.

Jour 31
Qu'avez-vous appris?

Lisez Jean 19:25-27. Comment Marie, la mère de Jésus, et Marie-Madeleine ont-elles servi Jésus dans ces versets? Comment Jésus a-t-il servi sa mère dans ces versets? Comment Jean a-t-il servi la mère de Jésus dans ces versets? Que pouvons-nous apprendre de ces exemples?

Fondements bibliques 12

Le grand commandement missionnaire

Le but de notre vie sur cette planète

CHAPITRE 1

Quel est le grand commandement missionnaire?

VERSET CLÉ À MÉMORISER

Allez, faites de toutes les nations des disciples, les baptisant au nom du Père, du Fils et du Saint-Esprit, et enseignez-leur à observer tout ce que je vous ai prescrit. Et voici, je suis avec vous tous les jours, jusqu'à la fin du monde.

Matthieu 28:19-20

Jour 1

Allez et faites des disciples

Après que Jésus soit ressuscité des morts, et avant qu'il remonte au ciel vers son Père, il a réuni ses douze disciples et leur a donnés ses dernières instructions. Nous y faisons souvent référence comme étant le «grand commandement missionnaire.» Nous pouvons le trouver dans Matthieu 28:18-20: *Jésus, s'étant approché, leur parla ainsi: Tout pouvoir m'a été donné dans le ciel et sur la terre. Allez, faites de toutes les nations des disciples, les baptisant au nom du Père, du Fils et du Saint Esprit, et enseignez-leur à observer tout ce que je vous ai prescrit. Et voici, je suis avec vous tous les jours, jusqu'à la fin du monde.*

N'aimeriez-vous pas avoir été présent lorsque Jésus a donné cet ordre de marche de dernière minute à ses disciples? Même s'il allait les quitter pour retourner vers son Père céleste, il leur a promis d'être à leur côté jusqu'à la fin.

Leur mission sur terre serait de faire des disciples dans toutes les nations. Jésus nous donne toujours ce même mandat aujourd'hui. En tant que disciples de Jésus-Christ, notre ordre de marche consiste à aller et à faire des disciples.

Un *mandat est une liste d'ordres ou d'instructions.* «Aller» n'est pas une option dans les instructions de Jésus de faire des disciples de toutes les nations. Certains spécialistes de la Bible nous expliquent que le mot «allez», si on se réfère littéralement au grec original, devrait en fait être traduit par «étant allé». En d'autres termes, alors que nous vivons nos vies pour Jésus-Christ, Dieu nous a déjà appelés à faire des disciples où que nous soyons. Nous pouvons répondre à cet appel sur nos places de travail, dans nos familles, dans nos quartiers, dans notre église ou sur le champ missionnaire. Partout où nous allons, nous sommes appelés à faire des disciples.

Dans ce livre de Fondements Bibliques, *Le grand commandement missionnaire*, nous allons apprendre ce qu'implique aller en tant que force spirituelle (armée) pour évangéliser, faire des disciples et être des mentors pour les autres, et voir le royaume de Dieu avancer! Nous allons découvrir un moyen efficace pour faire des disciples en devenant des mentors pour les autres dans un rôle de parent spirituel. Des parents spirituels sont des gens qui aident avec empathie d'autres personnes à grandir et qui les encouragent à devenir eux-mêmes des mentors pour d'autres, devenant à leur tour des parents spirituels. Ce genre de formation par le mentoring défie tous les croyants tant à avoir qu'à devenir des parents spirituels, produisant ainsi un fruit durable. En fait, toute cette série de Fondements Bibliques a été écrite comme un outil pour tout croyant prêt à obéir au commandement de faire des disciples selon le plan de notre Seigneur Jésus-Christ.

REFLEXION
Quel est votre mandat?
Où êtes-vous appelé à faire des disciples?

Jour 2
Atteindre les nations

Une part importante du grand commandement missionnaire consiste à envoyer des missionnaires dans des régions du monde qui n'ont pas encore entendu la bonne nouvelle de Jésus-Christ. Il existe beaucoup de peuples non-atteints dans des régions du monde qui n'ont jamais entendu l'évangile. Le Seigneur demande aux chrétiens d'atteindre les gens de toutes les nations… *Allez et faites de toutes les nations des disciples (Matthieu 28:19).*

Dieu nous a appelés en tant que croyants en Jésus-Christ à apporter l'évangile jusqu'aux extrémités de la terre. Les missionnaires sont ceux qui ont reçu l'appel de Dieu pour vivre leur témoignage pour Jésus dans une autre culture, dans une région du monde qui ne connaît pas l'évangile. Ils entendent le cœur de Dieu pour apporter la nouvelle du salut éternel à ceux qui meurent sans la vérité. Les missionnaires veulent exprimer leur foi dans la langue parlée dans le pays où ils habitent. Ils se rendent dans une nation, apprennent à parler la langue locale et vivent parmi la population pour expliquer l'évangile et aimer les gens, les attirant ainsi dans le royaume de Dieu.

Une personne appelée à être missionnaire veut voir l'évangile pénétrer les cœurs des gens et des sociétés dans lesquelles ils vivent. En vivant dans leur «nation d'adoption», ils rejoignent ceux que le Seigneur place sur leur chemin. Dieu cherche des hommes et des femmes prêts à partir comme missionnaires pour vivre leur foi en Christ dans un nouveau contexte. Peut-être Dieu va-t-il vous utiliser pour apporter le message du salut aux habitants d'un autre pays qui en ont besoin?

Nous sommes tous appelés à être impliqués dans la mission d'une manière ou d'une autre. Certains sont appelés à aller tandis que d'autres sont appelés tant à prier pour des missionnaires qu'à les soutenir financièrement. Demandez au Seigneur de vous révéler ses plans pour la mission dans le monde.

REFLEXION
D'après Matthieu 28:19, où sommes-nous mandatés pour apporter l'évangile? Comment pouvons-nous pratiquement obéir au Seigneur et rejoindre le monde?

Jour 3
La stratégie

Le grand commandement missionnaire de notre Seigneur Jésus-Christ est vraiment très simple. C'est un appel à faire des disciples. «Comment pouvons-nous aller dans le monde entier pour faire des disciples?» Nous commençons là où nous sommes! Dieu nous a appelés, en tant que son Eglise, à toucher toutes les nations du monde, mais nous devons demander au Seigneur où il nous appelle spécifiquement. Oui, certains croyants vont se rendre dans un autre pays pour y faire des disciples, mais de nombreux autres vont rejoindre les autres là où ils habitent. Dieu place des gens tout autour de nous que nous pouvons rejoindre et former.

On fait des disciples une personne à la fois. Jésus a servi les foules, mais il a passé la plupart de son temps juste avec douze disciples. Jésus avait différents niveaux de relation avec eux. Jean était probablement son ami le plus proche, selon Jean 13:23. Avec Jean, Pierre et Jacques constituaient un autre cercle d'amis intimes de Jésus. Le reste des douze disciples représentait un autre niveau d'amis du Seigneur. Jésus a aussi passé du temps avec soixante-dix de ses disciples, ainsi qu'avec les cent vingt qui ont été témoins de son ascension (Actes 1:15).

Ainsi, tout comme Jésus avait des niveaux d'amitiés, vous aurez aussi différentes sphères de relations. Le Seigneur désire que vous viviez de manière proche avec quelques personnes à la fois afin de pouvoir «déverser votre vie» en eux. L'église de Jésus-Christ est bâtie par les relations, d'après 1 Pierre 2:5. *Et vous-mêmes, comme des pierres vivantes, édifiez-vous pour former une maison spirituelle...* Chacun de nous est une pierre de construction que Dieu utilise dans l'édification de son Royaume. Nous sommes bâtis et maintenus ensemble par ces relations d'amour fraternel.

L'intention de Dieu est de lever des parents spirituels prêts à prendre soin d'enfants spirituels et à les aider à grandir dans leur vie chrétienne. On a un jour demandé à Billy Graham ce qu'il ferait s'il voulait avoir un profond impact sur une ville. Sa réponse a été simple et stratégique. Il trouverait quelques hommes clés dans la ville, passerait du temps avec eux et littéralement déverserait sa vie en eux, en les formant dans les choses que le Seigneur lui a montrées. Comme un père spirituel, il encouragerait ensuite chacun de ces hommes à faire de même, à trouver d'autres hommes et à déverser leur vie en eux. C'est l'essence de la formation de disciples et de la parentalité spirituelle. Le célèbre évangéliste croyait qu'il pourrait voir toute une ville touchée pour Christ par une telle stratégie. Je suis d'accord avec lui. Le Seigneur restaure la vérité de la formation de disciples et de la parentalité spirituelle dans l'église de Jésus-Christ.

REFLEXION
Comment fait-on des disciples?
Réfléchissez à vos sphères d'amitiés: Comment pouvez-vous faire des disciples dans ces sphères?

Jour 4
Les relations durent pour toujours

Le Seigneur nous a appelés à bâtir des relations les uns avec les autres. Les relations, bien qu'elles puissent évoluer, durent pour toujours. Lorsque vous et moi irons au ciel, les relations que nous avons avec Dieu et les uns avec les autres seront tout ce qui comptera réellement. Les bâtiments et les programmes de nos églises vont disparaître, mais les relations durent pour l'éternité. L'église primitive se réunissait «de maison en maison» afin de pouvoir vivre pleinement des relations de type familiales. Les relations étaient la clé du royaume de Dieu, alors que les croyants se réunissaient dans leurs maisons pour se soutenir, s'équiper et se servir mutuellement.

Ils étaient chaque jour tous ensemble assidus au temple, ils rompaient le pain dans les maisons, et prenaient leur nourriture avec joie et simplicité de cœur, louant Dieu, et trouvant grâce auprès de tout le peuple. Et le Seigneur ajoutait chaque jour à l'Église ceux qui étaient sauvés (Actes 2:46-47).

De nouvelles personnes étaient continuellement ajoutées à la famille de l'église, parce que ces premiers chrétiens pratiquaient l'amour mutuel. Ils se réunissaient en petits groupes afin de pouvoir faire plus facilement des disciples. De plus en plus d'églises aujourd'hui utilisent des petits groupes parce que ce sont des lieux où les dons et les talents de chacun peuvent être exercés et vécus. Dans des petits groupes, des frères et sœurs chrétiens peuvent prier les uns pour les autres et faire une expérience personnelle de Dieu alors qu'ils obéissent à son mandat de faire des disciples.

Vous voyez, faire des disciples ne tombe pas du ciel. Priez et demandez à Dieu de vous montrer ces relations. Il désire que vous puissiez les construire afin de pouvoir «déverser votre vie» dans celles des autres et les aider à devenir des croyants matures en Jésus-Christ. La parole de Dieu a le pouvoir de transformer des vies.

Car je n'ai point honte de l'Évangile: c'est une puissance de Dieu pour le salut de quiconque croit, du Juif premièrement, puis du Grec (Romains 1:16).

Car la prédication de la croix est une folie pour ceux qui périssent; mais pour nous qui sommes sauvés, elle est une puissance de Dieu (1 Corinthiens 1:18).

L'évangile est puissant! Certaines personnes exercent un métier ou elles doivent manipuler de la dynamite, sachant comment faire des trous dans le flanc de montagnes, afin de construire des tunnels et des routes. Les propriétés explosives de la dynamite, lorsqu'elle sont utilisées correctement, sont très efficaces. Nous pouvons êtres efficaces, nous aussi, lorsque nous réalisons que nous pouvons répandre l'évangile qui peut être explosif dans un sens positif dans nos communautés pour changer des vies! Pendant le réveil du Pays de Galles au début des années 1900, de nombreux officiers de police n'avaient plus rien à faire en raison de l'impact de l'évangile. Les forces de police ont alors formé des petites chorales et chanté dans des événements communautaires!

REFLEXION
Pourquoi un petit groupe constitue-t-il un contexte plus efficace qu'un grand groupe pour former des disciples ?

Jour 5
Votre vie se lit comme un livre

L'apôtre Paul a écrit aux premiers croyants de suivre son exemple alors qu'il suivait Christ. *Soyez mes imitateurs, comme je le suis moi-même de Christ (1 Corinthiens 11:1).*

Les gens vont nous imiter lorsque nos vies modélisent un amour pour Dieu et pour les autres. Ils seront attirés à Jésus parce qu'ils verront son caractère dans nos vies. Savez-vous que le seul livre spirituel que certaines personnes liront jamais, c'est le livre de votre vie ? En fait, la Bible dit dans 2 Corinthiens 3:2-3 : *C'est vous qui êtes notre lettre, écrite dans nos cœurs, connue et lue de tous les hommes. Vous êtes manifestement une lettre de Christ, écrite, par notre ministère, non avec de l'encre, mais avec l'Esprit du Dieu vivant, non sur des tables de pierre, mais sur des tables de chair, sur les cœurs.*

Dans l'Ancien Testament, les lois de Dieu ont été écrites sur des tables de pierre sur le Mont Sinaï. Mais aujourd'hui, sous la nouvelle alliance de Christ, le Saint-Esprit écrit la loi de Dieu dans le cœur des gens. Cette loi intérieure nous pousse à aimer Dieu et les autres. Les gens «lisent» nos vies comme un livre. C'est un merveilleux privilège, parce que nous modélisons le royaume de Dieu pour ceux qui nous entourent alors qu'ils nous observent.

Si vous êtes parent, les gens observent la façon dont vous êtes en relation avec vos enfants. Si des non-croyants font du sport avec vous, vous avez le privilège de leur montrer une attitude respectueuse alors que vous jouez. Dans votre maison, sur votre lieu de travail, dans votre communauté ou à l'école, les gens observent pour voir si votre vie démontre réellement les principes de Dieu. S'ils vous voient échouer ou faire des erreurs, nous espérons qu'ils vont aussi vous voir vous repentir et réparer vos torts. Les gens recherchent des vrais chrétiens, pas des gens religieux qui suivent une série de règles humaines légalistes. Ils cherchent des personnes qui ont l'amour de Dieu écrit dans leur cœur.

Ma vie a été profondément marquée par l'exemple d'autres chrétiens vivant leur vie autour de moi. Bien que j'aie toujours apprécié lire de bons livres et écouter de grands prédicateurs, l'impact le plus puissant que Christ a eu dans ma vie vient de l'exemple d'autres croyants. Parfois, ceux que je prenais pour exemple ont fait des erreurs. Mais j'ai aussi été témoin de leur sincère repentance. Leur exemple m'a stimulé à «l'amour et aux bonnes œuvres» (Hébreux 10:24). Je suis éternellement reconnaissant pour ceux que le Seigneur a placés autour de moi pour m'aider à grandir dans ma vie chrétienne et à être rendu conforme à l'image de Jésus-Christ.

REFLEXION
Qui devrions-nous imiter (1 Corinthiens 11:1)?
Décrivez une situation où vous avez vu Christ en quelqu'un et où cela vous a influencé.

Jour 6
Minimisez les différences; concentrez-vous sur Jésus

Une des raisons pour lesquelles beaucoup de chrétiens ont perdu de vue l'importance de la formation de disciples est que l'ennemi les a trompés, les amenant à se concentrer sur les problèmes et les différences dans l'église. Nous devons nous concentrer sur Jésus et sur la formation de disciples. Matthieu 6:33 nous encourage: *Cherchez premièrement le royaume de Dieu et sa justice...*

Le royaume de Dieu, c'est simplement le Roi, Jésus-Christ, et le territoire où il règne, sa sphère d'influence. Dieu est le dirigeant, le Roi de l'univers tout entier. Nous sommes ses serviteurs et faisons partie de sa sphère d'infuence. Son Royaume inclut chaque croyant qui invoque le nom de Jésus-Christ. Il inclut chaque église et famille d'églises qui l'honore en tant que Seigneur et qui croit en sa Parole.

Il y a de la variété dans son Royaume. Lorsque j'ai l'occasion de participer à une réunion de famille, je suis à chaque fois étonné de combien nous sommes tous différents, même si nous avons des caratéristiques communes. Tout comme chaque famille a ses propres caractéristiques distinctes, chaque communauté, dénomination ou famille d'églises dans le royaume de Dieu possède ses caractéristiques distinctes. Au lieu de se concentrer sur les différences, le Seigneur désire que nous nous concentrions sur Jésus et sur les choses où nous sommes en accord.

Par exemple, certains chrétiens ont une conviction personnelle quant au fait de célébrer ou non certains jours fériés. Nous devons faire attention à ne pas laisser ces questions nous diviser. La Bible nous dit: *Tel fait une distinction entre les jours; tel autre les estime tous égaux. Que chacun ait en son esprit une pleine conviction (Romains 14:5)*.

Nous devons savoir ce que nous croyons sur ces questions secondaires et ne pas nous laisser mettre sous pression par ceux qui pensent différemment. Nous ne devrions pas forcer qui que ce soit à croire comme nous sur ces sujets, ni nous sentir forcés à adopter son point de vue particulier.

Nous sommes appelés à avancer dans l'unité pour construire son Royaume. Concentrons-nous sur Jésus et sur l'obéissance à son grand commandement missionnaire. Lorsque nous arriverons au ciel, nous allons probablement découvrir que nous avions tort sur certains sujets. Il est rassurant de savoir que Jésus est de notre côté, quels que soient nos torts! Dans la prière de Jésus pour les croyants dans Jean 17:20-21, il prie pour leur unité spirituelle. *Ce n'est pas pour eux seulement que je prie, mais encore pour ceux qui croiront en moi par leur parole, afin que tous soient un, comme toi, Père, tu es en moi, et comme je suis en toi, afin qu'eux aussi soient un en nous, pour que le monde croie que tu m'as envoyé.*

Notre unité est basée sur notre relation commune avec Jésus. Nous n'avons pas besoin de tous penser exactement de la même façon, mais Dieu veut que ses enfants aient la même attitude de base envers sa vérité révélée dans sa Parole. Le diable a tenté de diviser l'Eglise de Jésus-Christ depuis des générations. Ne laissez pas le diable de vous utiliser pour critiquer son Eglise. Jésus-Christ revient chercher une Eglise qui l'aime passionnément et où les gens s'aiment les uns les autres. Notre Dieu vient pour une Eglise sans taches ni rides… *afin de faire paraître devant lui cette Église glorieuse, sans tache, ni ride, ni rien de semblable, mais sainte et irrépréhensible (Ephésiens 5:27)*.

Bien que l'Eglise soit loin d'être parfaite, nous sommes rendus conformes à l'image de Christ et devenons l'église sans taches que le Seigneur nous appelle à être.

REFLEXION
A quoi pensez-vos que l'épouse sans taches de Christ va ressembler?

Jour 7
Prière, évangélisation et formation de disciples

La vie de Jésus était caractérisée par les valeurs fondamentales que sont la prière, l'évangélisation et la formation de disciples. Ces valeurs de base caractéristiques de la vie de Jésus me rappellent un tabouret à trois pieds. Je vis dans une communauté rurale. Beaucoup de ceux qui ont grandi dans une ferme se souviennent que leurs parents utilisaient un tel tabouret à trois pieds pour s'asseoir pour traire les vaches chaque matin et chaque soir. Pourquoi n'y avait-il que trois pieds à ce tabouret? Parce que peu importe où vous le posiez sur le sol de l'étable, il restait toujours stable.

De la même façon, nous croyons que Dieu a donné à son Eglise un tabouret à trois pieds de vérité, utilisant la prière, l'évangélisation et la formation de disciples pour bâtir son Eglise. Lorsque nous donnons nos vies pour aider les autres en priant pour eux, en les rejoignant et en les formant comme disciples, le Seigneur s'assure que nous soyons bénis en retour. En fait, le plus sûr moyen d'être bénis, c'est de faire ce que l'Ecriture nous dit dans Luc 6:38: *Donnez, et il vous sera donné: on versera dans votre sein une bonne mesure, serrée, secouée et qui déborde; car on vous mesurera avec la mesure dont vous vous serez servis.*

Ecclésiaste 11:1 nous dit: *Jette ton pain sur la face des eaux, car avec le temps tu le retrouveras.* Consacrer du temps et des efforts pour rejoindre les autres, les former comme disciples et être leurs mentors peut sembler être un gaspillage – vous feriez peut-être mieux de vous occuper de vos propres besoins; mais en semant dans la vie des autres, nous avons la promesse de récolter en retour. Proverbes 11:25 dit… *celui qui arrose sera lui-même arrosé.*

Une amie nous a parlé un jour d'une situation où elle était malade et avait besoin d'être guérie. Au lieu de se concentrer sur son problème, elle a commencé à prier pour quelqu'un d'autre qui avait besoin de guérison. Pendant la prière, le Seigneur a miraculeusement touché le corps de notre amie et l'a complètement guérie. Alors qu'elle encourageait quelqu'un d'autre, elle a elle-même été encouragée.

REFLEXION
Lorsque nous déversons nos vies pour bénir les autres, que nous promettent les versets de Luc 6:38 et Proverbes 11:25?

CHAPITRE 2

Soyez prêts à l'action! Le combat spirituel

VERSET CLÉ À MÉMORISER

Car nous n'avons pas à lutter contre la chair et le sang, mais contre les dominations, contre les autorités, contre les princes de ce monde de ténèbres, contre les esprits méchants dans les lieux célestes.

Ephésiens 6:11-12

Jour 1

Nous sommes une armée spirituelle

Tout au long des Ecritures, les chrétiens sont exhortés à être des soldats spirituels, livrant des batailles spirituelles. Imaginez combien il serait absurde si tout ce que vous faisiez à l'armée, c'était d'apprendre à être à l'armée. Les véritables soldats font plus que participer à des réunions! Ils doivent endurer des difficultés et des souffrances dans le monde. *Souffre avec moi, comme un bon soldat de Jésus Christ (2 Timothée 2:3).* Ils sont engagés dans un combat.

De même, dans le royaume de Dieu, nous sommes appelés à être une armée spirituelle, prête à endurer les souffrances et les difficultés en aidant d'autres personnes à sortir des ténèbres spirituelles et à entrer dans le royaume de lumière. La raison pour laquelle les chrétiens se réunissent en petits groupes ou dans l'église plus large, c'est qu'ils veulent être formés par la parole de Dieu afin de pouvoir aller dans le monde comme des soldats spirituels victorieux. Dieu nous a appelés à aider les gens à connaître Jésus-Christ.

L'Eglise est comme une armée avec une unité médicale. Si les soldats de Dieu sont blessés, ils peuvent recevoir la guérison et retourner sur le champ de bataille. En tant qu'église, nous pouvons aider les gens à découvrir Jésus-Christ et à grandir en lui. Dieu bâtit son Royaume. Son Royaume est constitué de nombreuses différentes églises, familles d'églises et dénominations appelées à travailler ensemble tout autour du monde.

Nous devons encourager les autres chrétiens à persévérer dans la foi… *encouragez-vous les uns les autres chaque jour, aussi longtemps qu'on peut dire: Aujourd'hui!...* (Hébreux 3:13a). Encourageons-nous et fortifions-nous les uns les autres afin que nous puissions nous tenir ensemble comme une armée forte, qui se prépare pour le retour du Seigneur. Nous sommes appelés à encourager les gens chaque jour, quel que soit leur arrière-plan ecclésial, par des cartes, des textos, des appels téléphoniques et des actes de bonté. Le diable ment au peuple de Dieu en faisant croire aux gens qu'ils ne sont pas bons, qu'ils ne pourront jamais accomplir les projets de Dieu pour leur vie. Dieu veut encourager et fortifier son peuple. Nous controns les mensonges du diable en proclamant la vérité de la parole de Dieu aux autres et en les encourageant.

Dans ce chapitre, nous allons voir les armes du combat spirituel que le Seigneur nous a données alors que nous obéissons au grand commandement missionnaire.

REFLEXION
A quelle fréquence devrions-nous nous encourager les uns les autres, d'après Hébreux 3:13? Comment encouragez-vous les autres?

Jour 2
La prière – une arme spirituelle pour faire la guerre

Le combat spirituel est réel. Le monde spirituel est réel. Deux des tactiques principales de l'ennemi sont, un, de nous faire croire qu'il n'existe pas, et deux, de mettre un accent exagéré sur son importance. Certaines personnes choisissent de croire que le diable n'est qu'un conte de fête – un mec en costume rouge avec des oreilles pointues et une queue. Le fait que nous ne puissions pas voir le diable ne veut pas dire qu'il n'existe pas. Nous ne pouvons pas voir les ondes radio, la radioactivité nucléaire ou l'électricité, mais elles sont quand même bien réelles.

D'autres personnes rendent le diable et les démons responsables de tout ce qui arrive. Ils exagèrent sa puissance au détriment de celle du Seigneur. Nous devons garder notre accent sur Jésus, non sur l'ennemi. Parfois, au lieu de tout mettre sur le dos des démons et du diable, il peut y avoir des domaines dans nos vies que le Seigneur veut discipliner. Nous devons continuellement nous battre contre ces choses qui limitent l'œuvre de Dieu dans nos vies.

Comment un chrétien fait-il la guerre? Nous devons être forts dans le Seigneur et revêtir toute l'armure de Dieu pour nous engager dans notre combat spirituel contre le mal. Nous menons ce combat spirituel par la puissance du Saint-Esprit (Romains 8:13). Paul nous invite dans Éphésiens 6:10-12 à revêtir notre armure spirituelle, comme le ferait un soldat, afin de pouvoir tenir ferme contre les ruses de Satan. *Au reste, fortifiez-vous dans le Seigneur, et par sa force toute-puissante. Revêtez-vous de toutes les armes de Dieu, afin de pouvoir tenir ferme contre les ruses du diable. Car nous n'avons pas à lutter contre la chair et le sang, mais contre les dominations, contre les autorités, contre les princes de ce monde de ténèbres, contre les esprits méchants dans les lieux célestes.*

Nous ne combattons pas contre les hommes; le réel combat est contre les démons de l'enfer, les anges des ténèbres. Les seules armes à notre disposition sont des armes spirituelles. La prière constitue une arme spirituelle contre les puissances des ténèbres. 2 Corinthiens 4:3-4a nous dit, *Si notre Évangile est encore voilé, il est voilé pour ceux qui périssent; pour les incrédules dont le dieu de ce siècle a aveuglé l'intelligence, afin qu'ils ne voient pas briller la splendeur de l'Évangile...*

Satan aveugle les pensées des gens qui ne croient pas. Ceux qui ne se soumettent pas à Jésus restent sous le règne de Satan. Il «voile» à leurs yeux la vérité de l'Evangile pour les empêcher de croire en Jésus-Christ. Imaginez que vous rouliez sur une route et que vous croisiez un panneau vous alertant qu'un pont a été démoli. Vous savez immédiatement que vous devriez faire demi-tour. Maintenant, imaginez un chauffeur ivre qui croise le même panneau. Avec un jugement faussé, il pourrait voir le panneau sans réellement comprendre les dangers. Il est possible qu'il roule jusqu'à la falaise et courre à sa perte, parce qu'il a été aveuglé, incapable de discerner la vérité. Les gens qui nous entourent aujourd'hui vont en enfer. La Bible montre clairement que nous pouvons prier et lier les puissances des ténèbres au nom de Jésus, afin que les gens voient la vérité. Matthieu 18:18 explique: *Je vous le dis en vérité, tout ce que vous lierez sur la terre sera lié dans le ciel, et tout ce que vous délierez sur la terre sera délié dans le ciel.*

Jésus dit que nous pouvons lier (attacher spirituellement) les forteresse démoniaques dans les vies des gens. Il y a de la puissance dans la prière. Alors que nous lions ces forteresses au nom de Jésus, les gens seront libres d'entendre l'évangile et de répondre à Jésus-Christ.

Un jeune homme m'a dit une fois: «La seule raison pour laquelle je suis chrétien aujourd'hui, c'est que ma mère a prié pour moi.» La mère avait compris les principes du royaume de Dieu. Soyons sérieux dans notre vie de prière pour ceux que le Seigneur a placés autour de nous et qui ont besoin de se rapprocher de Jésus. Nous pouvons lier les esprits d'aveuglement qui les trompent afin qu'ils puissent comprendre la bonne nouvelle de Jésus-Christ et y répondre.

REFLEXION
Comment faisons-nous face aux ruses de Satan (Ephésiens 6:10-12)?

Jour 3

La vérité vous garde enracinés

Nous avons vu dans Ephésiens 6:10-12 qu'avant de combattre contre les forteresses démoniaques (les principautés et les pouvoirs), nous devons revêtir toute l'armure de Dieu. Les deux versets suivants mentionnent la première partie de l'armure à revêtir. *C'est pourquoi, prenez toutes les armes de Dieu, afin de pouvoir résister dans le mauvais jour, et tenir ferme après avoir tout surmonté. Tenez donc ferme: ayez à vos reins la vérité pour ceinture… (Ephésiens 6:13-14a).*

Lorsque l'apôtre Paul a écrit ce passage, il était assis dans une cellule de prison entouré de soldats. Il pouvait écrire avec une perspective spirituelle ce qu'il voyait dans le monde naturel. Il a pu tenir ferme dans cette période d'épreuve. Certains jours peuvent être faciles à vivre pour vous, alors que d'autres jours vous vous retrouvez sous une intense attaque de l'ennemi. Ces attaques peuvent survenir sous forme de dépression, d'oppression, de crainte ou de confusion. Lorsque les «mauvais jours» surviennent, nous devons apprendre à tenir ferme comme de bons soldats de Jésus-Christ. Si nous ne tenons pas ferme, nous serons bousculés. Nous devons tenir, en ayant «à nos reins la vérité pour ceinture.»

La Bible nous dit que Jésus-Christ est le chemin, la vérité et la vie (Jean 14:6). L'armure et chacune des armes portées par les soldats qui gardaient Paul dans sa cellule étaient stabilisées par une ceinture. C'est pourquoi nous devons avoir la ceinture spirituelle de la vérité en place dans nos vies. Nous bâtissons toute notre vie chrétienne sur la vérité de la parole de Dieu et sur la vérité de Jésus-Christ.

Proclamez la vérité de la parole de Dieu à chaque occasion. Citez les Ecritures, à vous-mêmes comme aux autres. Souvenez-vous, la vérité de Dieu vous rendra libre.

REFLEXION

De quelles façons le diable tente-t-il de vous bousculer et de vous rendre inefficaces dans la bataille? Comment la parole de Dieu, sa vérité, vous garde-t-elle stable?

Jour 4
Qu'est-ce qui couvre votre cœur et vos pieds ?

En tant que soldats chrétiens, notre armure spirituelle comprend toute une série d'armes. Ephésiens 6:14-15b continue en nommant d'autres parties de l'armure spirituelle à revêtir... *revêtez la cuirasse de la justice; pour chaussure à vos pieds le zèle que donne l'Évangile de paix.*

La justice fait référence à notre *position juste devant Dieu*, qui ne vient que par la foi en Jésus-Christ (Romains 4:3-5). Parfois, nous ne nous percevons que par nos propres erreurs. Cependant, alors que nous nous repentons et venons à la croix, Dieu nous voit toujours comme justes. Il voit son Fils, le Seigneur Jésus, l'agneau parfait immolé. Chaque fois que nous avons un problème, l'ennemi essaie de nous dire que Dieu doit vouloir nous punir, ou qu'il y a quelque chose qui cloche avec nous. Nous devons tenir fermes contre l'ennemi au nom de Jésus. Nous devons savoir que nous sommes justifiés par la foi en Jésus-Christ.

Nous devons aussi nos assurer que nos pieds soient chaussés du «zèle que donne l'évangile de paix.» Le Seigneur nous a appelés à marcher dans la paix avec notre Dieu et avec tous les hommes. La Bible nous dit dans Jacques 3:18: *Le fruit de la justice est semé dans la paix par ceux qui recherchent la paix.* Nous pouvons négocier les difficultés de la vie plus facilement si nous essayons de vivre en paix avec les autres. Si la paix est brisée, peu importe qui est le fautif; nous sommes appelés à être des ouvriers de paix et à nous réconcilier avec nos frères et sœurs en Christ. Si nous avons besoin d'aide, le Seigneur a donné les anciens de l'église locale comme médiateurs pour aider avec ce genre de difficultés. Nous devons être prêts à déclarer que l'évangile de Jésus-Christ apporte la paix avec Dieu et la paix avec ceux qui nous entourent.

Si donc tu présentes ton offrande à l'autel, et que là tu te souviennes que ton frère a quelque chose contre toi, laisse là ton offrande devant l'autel, et va d'abord te réconcilier avec ton frère; puis, viens présenter ton offrande (Matthieu 5:23-24).

S'il est possible, autant que cela dépend de vous, soyez en paix avec tous les hommes (Romains 12:18).

Le Seigneur nous demande de faire tout notre possible pour chercher à vivre en paix avec les autres, puis de lui faire confiance pour faire le reste. Seul Dieu peut changer les cœur des gens et les amener à se réconcilier.

REFLEXION
Comment obtenons-nous la justice?
Comment pouvons-nous être un ouvrier de paix? Expliquez.

Jour 5
Maintenez votre bouclier de la foi en place

Le bouclier était la partie de l'armure derrière laquelle un soldat pouvait réellement se protéger. Le bouclier d'un soldat était rectangulaire et mesurait environ un mètre vingt sur soixante centimètres. Il le protégeait pendant la bataille. Il constituait un moyen de défense efficace contre les attaques, car le soldat pouvait le tourner dans toutes les directions pour stopper les flèches tirées contre lui. *Prenez par-dessus tout cela le bouclier de la foi, avec lequel vous pourrez éteindre tous les traits enflammés du malin (Ephésiens 6:16).*

Lorsque vous et moi regardons nos circonstances, nous pouvons parfois nous sentir découragés. Pourtant, lorsque nous nous protégeons avec notre bouclier de la foi et croyons que la parole de Dieu est vraie quelles que soient nos circonstances, nous pouvons les traverser victorieusement.

Les flèches acérées de l'ennemi incluent des flèches de doute, de dépression, de condamnation, de crainte ou de confusion. La liste est sans fin. Nous devons garder nos boucliers spirituels dressés. Ainsi, lorsque l'ennemi tire une flèche dans notre direction, nous pouvons répondre avec foi. Souvenez-vous, «la foi vient de ce qu'on entend, et ce qu'on entend vient de la parole de Dieu» (Romains 10:17). Proclamons les promesses de la parole de Dieu et ne permettons pas aux flèches enflammées du malin de commencer à percer notre armure spirituelle. Nous devons rapidement les éteindre en proclamant la parole de Dieu et en y croyant.

Même si nous vivons dans une société instantanée, nous devons apprendre à vivre par la foi. Nous n'aurons pas toujours des résultats immédiats, mais nous devons continuer à croire en la parole de Dieu comme étant la vérité, même au sein de circonstances apparemment insurmontables.

Il y a quelques années, j'ai rencontré une femme dont le fils s'était éloigné de la foi. Alors qu'il était en pleine rébellion, elle a continué à croire que Dieu voulait lui parler. Elle savait que le Seigneur lui avait donné une promesse dans Esaïe 59:21b... *mes paroles, que j'ai mises dans ta bouche, ne se retireront pas de ta bouche, ni de la bouche de tes enfants...* La mère a choisi de mettre sa confiance dans la parole de Dieu. Alors qu'elle a gardé son bouclier de la foi dressé, son fils a été touché par le Seigneur dans un lieu improbable – un concert de rock and roll! Aujourd'hui, il est pasteur. Souvenez-vous, nous vivons par la foi et non par la vue!

RÉFLEXION
Comment nous défendons-nous contre les «traits enflammés» de Satan?

Jour 6
Votre casque et votre épée

Le principal champ de bataille des chrétiens se trouve dans les pensées. Comme pour un soldat, un chrétien luttant dans une bataille ne combattrait pas très bien s'il n'avait pas l'espoir gagner. Nous devons protéger nos têtes avec le casque du salut, car l'espérance du salut va défendre notre âme et la garder des coups de l'ennemi. Le casque du salut nous donne l'espoir d'une sécurité et d'une protection continuelle, bâtie sur les promesses de Dieu. *Prenez aussi le casque du salut... (Ephésiens 6:17a).*

Souvenez-vous, *être sauvé* ne veut pas seulement dire *être libéré du péché et vivre éternellement avec Dieu*. Le salut inclut aussi la guérison, la délivrance et la libération des puissances des ténèbres. Je voyage souvent dans des pays qui n'ont pas la qualité de soins médicaux dont nous jouissons dans nos pays occidentaux. Je suis impressionné de la capacité du peuple de Dieu à croire en Lui pour des miracles quotidiens dans de tels contextes. Il est impossible de comprendre comment les miracles fonctionnent. Nous acceptons simplement par la foi que Dieu est un Dieu de miracles. Notre casque du salut nous protège de la confusion apportée par les puissances des ténèbres et nous aide à dépendre du grand salut et de la guérison apportée par Dieu.

Le Seigneur nous dit de revêtir la dernière partie de l'armure – l'épée de l'Esprit. L'épée était la seule partie de l'armure portée par un soldat qui avait une fonction tant défensive qu'offensive. Pour un chrétien, l'épée de l'Esprit est la puissante parole de Dieu… *et l'épée de l'Esprit, qui est la parole de Dieu. (Ephésiens 6:17b-18)*.

Lorsque nous sommes armés de la vérité de la parole de Dieu, le Saint-Esprit qui vit en nous nous aide à faire face aux tentations qui surviennent. Nous ne nous appuyons pas que sur notre sagesse, mais sur celle du Seigneur. Lorsque nous connaissons sa Parole, nous pouvons résister aux mensonges de Satan. Alors que nous cachons la parole de Dieu dans nos cœurs (Psaume 119:11), nous pouvons résister au péché.

La Bible nous dit que les portes de l'enfer ne prévaudront pas contre l'Eglise de Jésus-Christ. En tant que chrétiens, nous sommes appelés à conquérir le territoire de l'ennemi. Ne visez pas moins que cela. Prenez la parole de Dieu au sérieux et confessez-la, croyez-y et attendez-vous à son impact dans votre vie.

Afin de pouvoir être alertes et de tenir ferme, la Bible dit (Ephésiens 6:13) que nous devons revêtir toute l'armure de Dieu. Nous devons revêtir la ceinture de la vérité et la cuirasse de la justice. Nous nous préparons avec l'évangile de paix et prenons le bouclier de la foi. De plus, nous utilisons le casque du salut et l'épée de l'Esprit. Toute cette armure constitue une protection qui nous aide à prier efficacement. L'apôtre Paul dit que nous devrions prier sans cesse et être attentifs alors que nous prions pour tous les saints. Nous sommes appelés à prier les uns pour les autres. Le combat spirituel nous invite à une nouvelle intensité de prière. Il ne s'agit pas d'une option, mais d'une question de vie ou de mort.

RÉFLEXION
Comment le casque du salut nous aide-t-il à combattre?
Pourquoi l'épée de l'Esprit est-elle si importante?

Jour 7
Prêts à l'action!

Nous devons vraiment prier les uns pour les autres. La prière nous permet d'entrer dans le conflit du combat spirituel et de remporter la victoire en collaborant avec Dieu par nos prières. L'apôtre

Paul demande la prière dans Ephésiens 6:19-20 afin qu'il puisse être courageux dans son témoignage pour Christ. *Priez pour moi, afin qu'il me soit donné, quand j'ouvre la bouche, de faire connaître hardiment et librement le mystère de l'Évangile, pour lequel je suis ambassadeur dans les chaînes, et que j'en parle avec assurance comme je dois en parler.*

Le Seigneur veut que nous soyons des témoins courageux pour Jésus-Christ, mais le courage va venir de notre vie de prière. Alors que nous prions pour les membres de nos groupes de maison, de nos églises, de nos groupes de jeunes, de nos communautés, de nos familles et de nos places de travail, nous allons recevoir le courage de proclamer sa Parole à notre génération. Un jour, alors que je me trouvais en Ecosse, je me suis senti poussé à parler de Jésus à un jeune homme que j'ai rencontré dans la rue. Je sais que le courage que j'ai eu pour aller lui parler est venu parce que des combattants dans la prière étaient en train d'intercéder pour moi.

Si l'apôtre Paul avait besoin que d'autres prient pour lui pour qu'il soit courageux, combien avons-nous besoin de prier les uns pour les autres pour que nous soyons courageux aujourd'hui? Afin que nous puissions répondre au grand commandement missionnaire, nous devons être un peuple qui prie. Rappelez vous de prier pour les missionnaires que le Seigneur a placés dans votre vie, pour qu'ils soient courageux pour le Seigneur. Et alors que nous revêtons toute l'armure de Dieu et prions chaque jour, mettons-nous à l'écoute de notre Père céleste pour recevoir quotidiennement son ordre du jour. Nous allons alors voir Jésus nous utiliser pour faire des disciples dans notre génération.

Mon expérience m'a montré que la plupart des échecs spirituels se produisent lorsque les chrétiens oublient de garder leur armure spirituelle. Lorsque vous vous levez le matin, déclarez que votre armure est en place. Déclarez que vous avez mis la ceinture de la vérité autour de vos reins. Que vous êtes justifiés par votre foi en Jésus-Christ; la cuirasse est en place. Que vous avez la paix avec Dieu par votre Seigneur Jésus-Christ (Romains 5:1) parce que vous êtes justifiés par la foi. Que vous marchez dans un pardon complet envers quiconque vous aurait blessé et que vous recherchez la paix avec eux autant que possible (Romains 12:18). Que vous avez pris le bouclier de la foi et ne laissez pas les traits enflammés du malin vous blesser. Que vous les éteignez au nom de Jésus par votre foi dans la parole de Dieu. Que le casque du salut est attaché. Que vous savez que vous êtes nés de nouveau et que Jésus-Christ a changé votre vie. Que vous prenez la parole de Dieu et que, avec courage, vous confrontez fermement les puissances des ténèbres au nom de Jésus. Que vous priez comme un soldat qui a correctement revêtu l'armure que le Seigneur lui a donnée. Que vous êtes prêt à l'action ! Les gens qui nous entourent attendent que nous proclamions la vérité qui va les rendre libres.

REFLEXION
Lorsque nous déversons nos vies dans celles des autres, que nous promettent les passages de Luc 6:38 et Proverbes 11:25?

CHAPITRE 3

Atteindre les perdus et faire des disciples

VERSET CLÉ À MÉMORISER

Jésus leur dit: «Suivez-moi et je vous ferai pêcheurs d'hommes.»

Marc 1:17

Jour 1
La véritable évangélisation

Dieu place une priorité bien plus importante sur l'évangélisation que nous ne le faisons d'ordinaire. Pourquoi? Parce que Dieu aime vraiment les gens. *«Car Dieu a tant aimé le monde...» (Jean 3:16)*. En tant que chrétiens, nous restons souvent centrés sur nous-mêmes au lieu de trouver des moyens d'aider les gens qui nous entourent. Dieu nous a appelés à être tournés vers l'extérieur. Le cœur de Dieu est pour le monde – pour les gens. L'évangélisation consiste à partager la bonne nouvelle de Jésus-Christ avec les autres.

Les chrétiens ont souvent une compréhension tordue de ce qu'est vraiment l'évangélisation. Certains pensent que l'évangélisation consiste à aller frapper aux portes et à distribuer des tracts. Bien que cela puisse constituer d'excellents moyens de partager sa foi, le Seigneur ne vous appelle peut-être pas à évangéliser de cette manière. Pour d'autres, l'évangélisation signifie participer à une croisade. Gloire à Dieu pour les croisades d'évangélisation, mais la plupart des chrétiens ne sont pas d'abord appelés à cela.

Je crois que l'évangélisation, pour la plupart des gens, c'est être tellement pleins de Jésus que où qu'ils aillent, ils découvrent des personnes qui ont besoin d'une relation avec Dieu. Notre responsabilité est de partager avec d'autres ce que Dieu a fait dans nos vies et de les encourager à recevoir la bonne nouvelle de Jésus-Christ.

Dans l'histoire du bon Samaritain (Luc 10:33-37), le Samaritain a trouvé un homme couché au bord de la route et il l'a aidé, même si les religieux de son époque avaient passé à côté sans bouger le petit doigt pour lui venir en aide. Le Samaritain a mis en pratique le principe du royaume de Dieu en aimant la personne que Dieu a mis sur son chemin. Jésus a dit clairement que nous devons *aimer le Seigneur ... et aimer notre prochain comme nous-mêmes (Luc 10:27)*.

Aimer Dieu constitue un appel à aimer les autres. La compassion pour les perdus et pour ceux qui sont dans le besoin est un signe que nous aimons vraiment Dieu. Après que Jésus ait raconté l'histoire du bon Samaritain, il a posé des questions à un responsable religieux de la ville: *Lequel de ces trois te semble avoir été le prochain de celui qui était tombé au milieu des brigands? C'est celui qui a exercé la miséricorde envers lui, répondit le docteur de la loi. Et Jésus lui dit: Va, et toi, fais de même (Luc 10:37).*

Nous devons agir avec amour et compassion. Dans Luc 15, Jésus a raconté trois autres histoires pour nous encourager à aimer ceux qui nous entourent. La première était l'histoire de la brebis perdue. Sur cent brebis, une s'est perdue, et le berger l'a cherchée jusqu'à ce qu'il la trouve. La seconde parabole parlait d'une pièce de monnaie perdue. Son propriétaire l'a cherchée toute la journée, faisant tous ses efforts pour la retrouver. La troisième histoire est celle du fils prodigue qui a pris la moitié de la fortune de son père et l'a quitté pour aller vivre sa vie. La Bible nous dit que son père l'a attendu, puis a couru avec amour vers lui lorsque son fils est revenu.

Vous voyez, Dieu place une haute priorité sur les gens qui souffrent ou qui sont perdus. Dieu nous appelle à rejoindre ceux qui nous entourent, même ceux qui ne semblent pas «aimables,» afin qu'il puisse accomplir ses desseins à travers nous. Jésus nous appelle à devenir des pêcheurs d'hommes. *Jésus leur dit: Suivez-moi, et je vous ferai pêcheurs d'hommes (Marc 1:17).*

Apprenons ensemble comment nous pouvons «pêcher des hommes» et les conduire à la foi en Jésus-Christ.

REFLEXION
Quelle image avez-vous de l'évangélisation?
Comment Jésus a-t-il évangélisé?

Jour 2
Le principe oikos

Comment Jésus et l'église primitive conduisaient-ils les gens à la foi? Nous appelons parfois leur approche le «principe oikos». Le mot grec *'oikos'* signifie *maisonnée ou famille*. Notre *oikos* inclut ceux avec lesquels nous sommes en relation sur une base régulière. *Oikos* fait référence à notre communauté personnelle, ceux avec lesquels nous sommes en relation.

Les Ecritures nous disent dans Actes 10 qu'il y avait un homme nommé Corneille – un homme pieux qui craignait Dieu avec toute sa maison, donnait généreusement aux pauvres et priait Dieu régulièrement. Un jour, Corneille a reçu une visitation surnaturelle de Dieu au travers d'une vision. Dieu lui a dit d'envoyer des messagers et de faire venir Pierre qui leur apporterait un message de la part de Dieu. *Pierre est donc venu rencontrer Corneille qui … les attendait, et avait invité ses parents et ses amis intimes (Actes 10:24).* Corneille avait invité son *oikos* (sa famille et ses amis) à cette réunion avec Pierre et beaucoup de ces gens y ont rencontré Jésus-Christ.

Nous pouvons trouver une autre histoire qui montre comment Dieu a utilisé l'*oikos* de quelqu'un pour amener des gens à Jésus dans Actes 16. Paul et Silas étaient en prison lorsqu'un tremblement de terre a ouvert toutes les portes. Le geôlier allait se suicider parce qu'il pensait que les prisonniers s'étaient échappés et qu'il serait tenu pour responsable. Paul l'empêcha de se faire du mal, lui disant que les prisonniers étaient en sécurité. Lorsque Paul a partagé la parole de Dieu avec le geôlier, tout son *oikos* (sa maison) a découvert Jésus-Christ. Nous avons tous des gens dans notre vie qui sont placés là par le Seigneur. Ce sont des gens avec lesquels nous pouvons partager l'évangile plus facilement et efficacement. Où que nous vivions dans le monde, la stratégie *oikos*, qui consiste à bâtir sur les réseaux relationnels existants, constitue la façon la plus naturelle de répondre au grand commandement missionnaire. Les gens veulent la vérité. Ils attendent des chrétiens en qui ils pourront faire confiance pour leur apporter la vérité.

Vous voudrez peut-être écrire la liste des membres de votre *oikos* sur une feuille de papier. Priez et demandez à Dieu de vous montrer deux ou trois de ces personnes qui vous tiennent à cœur et commencez à prier pour elles et à les rejoindre. Si elles ne sont pas converties, vous allez vous impliquer dans l'évangélisation. Si elles ont des difficultés dans leur vie chrétienne, Dieu peut vous appeler à vous impliquer dans leur formation de disciples en devenant un père ou une mère spirituel pour eux.

Les Ecritures nous montrent dans le livre des Actes que les nouveaux croyants étaient ajoutés chaque jour à l'église alors qu'ils étaient sauvés (Actes 2:47). Cependant, si nous continuons notre lecture du livre des Actes, nous voyons le Seigneur emmener l'église un pas plus loin. Le peuple de Dieu a commencé à grandir en nombre. *L'Église était en paix dans toute la Judée, la Galilée et la Samarie, s'édifiant et marchant dans la crainte du Seigneur, et elle s'accroissait par l'assistance du Saint Esprit (Actes 9:31).*

La volonté de Dieu est que nous nous multiplions. Afin de nous multiplier, nous devons détourner nos yeux de nous-mêmes et commencer à nous tourner vers ceux qui ont besoin de découvrir la vie et la puissance de Jésus-Christ. Nous allons voir le royaume de Dieu s'étendre et notre propre croissance spirituelle s'accélérer. Jésus a passé son temps ici sur terre à faire deux choses – parler à Dieu des gens et parler de Dieu aux gens. Il nous appelle à faire de même.

REFLEXION
Que signifie le terme «oikos»?
Faites une liste des gens qui composent votre oikos.

Jour 3
Les genres de personnes dans votre oikos

Il y a plusieurs groupes de personnes dans votre *oikos* ou communauté personnelle. Tout d'abord, il y a des membres de votre famille ou de votre parenté. Votre oncle Jack et votre tante Sally font partie de votre *oikos*, même s'ils vivent loin de chez vous. Si vous maintenez la relation de manière régulière, ils font partie de votre oikos. Ensuite, ceux qui partagent des intérêts communs avec vous font également partie de votre *oikos*. Peut-être font-ils du sport ou partagent-ils votre passion pour les ordinateurs, ou pour la couture… les possibilités sont sans fin. Troisièmement, ceux qui vivent près de chez vous font partie de votre *oikos* – ceci, bien sûr, inclut vos voisins.

Les personnes avec lesquelles vous partagez une vocation commune – vos collègues de travail – constituent la quatrième catégorie. La cinquième est composée des gens avec lesquels vous avez des contacts réguliers, comme votre dentiste, votre médecin de famille, votre mécanicien, des vendeuses, des copains de classe, etc. Les gens qui composent votre *oikos* seront beaucoup plus réceptifs à l'évangile parce qu'ils vous font confiance – vous avez bâti une relation avec eux.

Lorsque Lévi a invité Jésus pour un repas, il a aussi invité les membres de son *oikos*, ses collègues collecteurs d'impôts. Luc 5:29 nous raconte cette histoire. *Lévi lui donna un grand festin dans sa maison, et beaucoup de publicains et d'autres personnes étaient à table avec eux.*

Comme Lévi avait déjà une relation avec eux, ces collecteurs d'impôts sont venus sans a priori écouter ce que Jésus avait à dire. Jésus a ainsi eu l'opportunité de partager avec les membres de l'*oikos* de Lévi, et ils ont entendu son message d'espérance. Lorsque nous invitons notre *oikos* à rencontrer Jésus, ils ont l'occasion d'entendre la vérité qui peut les rendre libres.

Nathanaël était un membre de l'oikos de Philippe; tous deux vivaient dans la même ville. A travers leur amitié, Philippe a conduit Nathanaël à la foi en Jésus-Christ. La Bible nous dit dans Jean 1:45 que … *Philippe rencontra Nathanaël, et lui dit: Nous avons trouvé celui de qui Moïse a écrit dans la loi et dont les prophètes ont parlé, Jésus de Nazareth...*

Les Ecritures sont truffées d'exemples de personnes qui ont découvert Jésus à travers une de leurs relations. Il y a quelques temps, un responsable de groupe de maison de notre église a reçu un coup de fil d'une femme de sa cellule. «Avez-vous de l'eau bénite?», lui a-t-elle demandé. Le responsable n'a pas grandi dans la tradition catholique romaine et il ne s'attendait pas à ce genre de requête. Lorsqu'il lui a demandé un peu plus de détails, elle a partagé sa préoccupation pour sa fille et le copain de sa fille. Des choses étranges se produisaient dans leur maison. Un objet avait sauté hors du fourneau et d'autres événements surnaturels inexplicables se produisaient chez eux. «Puis-je venir voir votre fille et son copain dans leur maison et prier avec eux?», a-t-il demandé.

«Oh, oui,» s'est-elle exclamée, «et je veux être là quand vous venez.» Le responsable du groupe de maison et sa femme se sont alors rendus chez le jeune couple pour prier. Après avoir pris quelques minutes pour partager la parole de Dieu, le jeune homme a reçu Jésus-Christ comme Seigneur. Son amie a aussi exprimé un désir de suivre le Seigneur, et ils se sont mariés quelques mois plus tard. Les manifestations démoniaques dans leur maison ont cessé quand le couple a été libéré spirituellement. Tout s'est déroulé au sein d'une relation de type *oikos* qui a été étendue à la famille élargie. L'évangélisation *oikos* a le potentiel de se multiplier rapidement vers l'extérieur!

REFLEXION
Expliquez comment vous avez libéré votre foi cette dernière semaine.

Jour 4

Passez du temps à être mentor pour les autres

Jésus-Christ nous a appelés à faire des disciples. La clé pour faire des disciples se trouve dans Marc 3:14-15. *Il en établit douze, pour les avoir avec lui, et pour les envoyer prêcher avec le pouvoir de chasser les démons.*

Jésus cherchait douze hommes avec lesquels il pourrait passer du temps afin de pouvoir leur transmettre les principes du royaume de Dieu. Il voulait que ses disciples vivent les principes de Dieu alors qu'il modélisait ces vérités pour eux dans sa propre vie. La formation de disciple implique ce genre de formation par le mentoring.

Jésus est allé chercher des disciples pour avoir des compagnons et pour les former, afin qu'ils puissent à leur tour aller servir. Former les autres comme disciples, c'est prendre soin d'eux comme des amis et les former pour qu'ils grandissent dans leur vie chrétienne. Faire des disciples, ce n'est pas dire aux gens ce qu'ils doivent faire. Faire des disciples, c'est donner notre vie pour les autres et prendre le temps nécessaire pour les voir grandir spirituellement. Nous pouvons prier, encourager et aider les autres à se concentrer sur la parole de Dieu qui donne de claires instructions sur la façon dont nous devons vivre nos vies en Christ.

La formation de disciples biblique me fait penser au coaching d'une équipe sportive. La responsabilité de l'entraîneur consiste à aider ses joueurs à donner le meilleur d'eux-mêmes et de leur potentiel. A moins de nous tourner vers l'extérieur et d'aider les autres, nous commençons à stagner. Comme un ongle incarné, la douleur finit par arriver. Dieu nous a appelés à rejoindre les autres et à les former en même temps.

La mer Morte est mondialement connue comme une mer «stagnante». L'eau y arrive par le Jourdain, mais elle ne ressort pas. Il y a de la vie dans une rivière, mais une odeur de mort dans un étang stagnant. Lorsque nous donnons aux autres, la puissance et la vie de Dieu vont couler librement au-travers de nos vies.

REFLEXION

Recensez quelques moyens pratiques de nous rendre disponibles pour former des disciples.

Jour 5

Apprenez et enseignez par l'exemple

J'aime jouer de la guitare. J'ai eu le privilège d'enseigner de nombreux autres à jouer de cet instrument au cours de ces vingt-cinq dernières années. En fait, beaucoup de mes étudiants jouent aujourd'hui beaucoup mieux que moi. Si je vous enseignais comment jouer de la guitare, je devrais m'asseoir avec vous. Je vous montrerais comment jouer en vous enseignant exactement comment placer vos doigts sur les barres et comment placer un accord en commençant à gratter.

Le même principe s'applique au royaume de Dieu. Nous sommes appelés à former, aimer et montrer aux autres comment devenir des disciples de Jésus-Christ. Vous direz peut-être: «Larry, je ne suis chrétien que depuis une année.» Génial! Vous pouvez commencer à montrer aux autres ce que vous avez appris pendant cette dernière année. Dieu veut que nous commencions immédiatement à rejoindre ceux qui nous entourent et à les aider à entrer dans le Royaume. La bonne nouvelle, c'est que n'avons pas besoin de connaître toutes les réponses. Dieu est celui qui a les réponses. Nous pouvons librement avouer aux autres que nous n'avons pas toutes les réponses, mais que notre Dieu les a. En fait, la Bible nous dit dans Deutéronome 29:29, *Les choses cachées sont à l'Éternel, notre Dieu; les choses révélées sont à nous et à nos enfants, à perpétuité, afin que nous mettions en pratique toutes les paroles de cette loi.*

La Bible est claire quant au fait que nous sommes responsables d'agir dans ces choses que le Seigneur nous a révélées. Même si nous n'avons pas toutes les réponses à certains des problèmes de la vie, le Seigneur va placer dans nos vies des pères et des mères spirituels qui seront utilisés par le Saint-Esprit pour nous aider et pour nous guider. Puis Il va nous aider à faire de même – à servir les autres et à être un père ou une mère pour eux. En travaillant ensemble, nous pouvons voir le royaume de Dieu grandir alors que nous voyons des dizaines, voire des centaines de vies dans nos communautés transformées par la puissance de Jésus-Christ.

Imaginez, pour un instant, que chaque chrétien de votre connaissance en forme deux ou trois autres dans les vérités et les expériences de base de la marche avec Jésus. Ces «disciples» seraient encouragés à faire de même. Les résultats seraient étonnants. En fait, si vous et moi formions chacun un autre croyant tous les six mois et encouragions chacun d'eux à faire de même, et que le schéma se reproduisait tous les six mois, en moins de trente ans l'ensemble de la population mondiale serait gagnée à Christ!

REFLEXION
De quoi sommes-nous responsables, d'après Deutéronome 29:29? Comment pouvons-nous transmettre ce que nous avons appris aux autres?

Jour 6
L'hospitalité dans les maisons

Savez-vous qu'une des façons les plus puissantes pour nous impliquer dans la formation de disciples et l'évangélisation est l'hospitalité? L'hospitalité est un principe biblique qui signifie simplement partager joyeusement sa nourriture, son toit et un rafraichissement spirituel avec ceux que Dieu met sur notre chemin. 1 Pierre 4:9 nous dit, *Exercez l'hospitalité les uns envers les autres, sans murmures.*

Je crois que le Seigneur veut utiliser nos maisons pour bâtir son Eglise. Nos maisons doivent être utilisées comme des lieux où les gens peuvent être encouragés, remplis du Saint-Esprit et conduits à la connaissance de Christ. La présence de Dieu est dans notre maison parce que Jésus-Christ vit en nous.

Comme Christ vit en vous, vous pouvez être assurés que la présence de Dieu vous accompagne partout où vous allez – dans votre maison, à l'école, au restaurant local ou au supermarché. Le royaume de Dieu est bâti alors que nous prenons le petit-déjeuner avec quelqu'un, rions ensemble, pleurons ensemble ou que nous avons juste du plaisir à partager du temps ensemble. Le principe de l'hospitalité peut être une immense bénédiction alors que nous faisons des disciples et obéissons au grand commandement missionnaire.

Le livre des Actes commence et se termine dans une maison. Les maisons étaient si importantes dans l'œuvre du royaume de Dieu. On a posé cette question au Dr. Cho, le pasteur de la plus grande église du monde à Séoul, en Corée du Sud: «Quelle est l'adresse de Dieu?» Sa réponse fut la suivante: «L'adresse de Dieu, c'est notre adresse.» En d'autres termes, Dieu vit en vous et moi. Où que vous viviez, où que vous soyez, c'est là que Dieu se trouve. Beaucoup de gens n'auraient pas la liberté de se rendre à une réunion d'église, mais ils n'ont pas de problèmes à parler avec vous assis dans votre maison à manger un repas ou à faire un jeu dans votre salon.

Romains 12:13 nous invite à «exercer l'hospitalité». Vous penserez peut-être: «Ma maison n'est pas assez belle pour y inviter des gens.» Rassurez-vous, lorsque des gens viennent chez vous, ils vont sentir la présence de Dieu parce qu'il vit en vous – ils ne vont pas tant regarder votre maison. Lorsque ma femme, LaVerne, et moi nous nous sommes mariés, une bonne partie de notre hospitalité se passait dans notre petit mobilhome. Nous avions des gens qui venaient, qui dormaient, qui mangeaient et qui priaient avec nous, et ils se fichaient bien de la taille de notre logis. Attendez-vous à ce que le Seigneur utilise votre maison, quelle que soit sa taille, pour bâtir son Royaume.

REFLEXION
Que signifie l'hospitalité pour vous?
Comment devrions-nous exercer l'hospitalité, selon 1 Pierre 4:9?

Jour 7
Semer des graines spirituelles dans la vie des autres

Prier, atteindre les perdus et faire des disciples, c'est un peu comme semer des graines dans un jardin. Lorsque nous semons des graines spirituelles dans la vie des gens par la prière, l'encouragement et la formation de disciples, nous nous attendons à les voir germer, et à avoir une récolte. Nous semons ces graines dans la foi.

Si je sors de mon jardin et enterre la graine chaque jour en disant: «Je ne pense pas que ça va pousser,» je n'aurai jamais de récolte. De la même manière, nous semons la vérité de la parole de Dieu dans les vies des gens dans la foi, sachant que quels que soient les fruits visibles aujourd'hui, nous récolterons au temps convenable. Nous le savons, parce que nous avons semé nos graines dans la foi.

Les Ecritures nous disent dans Marc 4 que lorsque nous semons la semence de la parole de Dieu dans les vies des gens, plusieurs choses peuvent se passer. Tout d'abord, des individus peuvent entendre la parole de Dieu, mais n'y répondent pas parce que Satan la vole immédiatement (v. 15). C'est dans ces moments que nous devrions lier les liens démoniaques dans la vie de ces personnes, afin qu'elles puissent être libres d'entendre et d'accepter la parole de Dieu.

Les Ecritures nous disent également que certaines personnes vont entendre la parole de Dieu et immédiatement la recevoir avec joie. Cependant, leurs racines ne sont pas profondes, et elles ne tiennent que pour un temps. Lorsqu'elles passent par des périodes difficiles, elles retombent immédiatement (v. 16).

D'autres peuvent entendre la parole de Dieu mais permettre aux choses de ce monde de se mettre en travers de leur engagment envers Christ. *D'autres reçoivent la semence parmi les épines; ce sont ceux qui entendent la parole, mais en qui les soucis du siècle, la séduction des richesses et l'invasion des autres convoitises, étouffent la parole, et la rendent infructueuse (Marc 4:18-19)*. A cause des soucis de la vie, ces personnes voient la parole de Dieu étouffée dans leurs vies. Si nous semons des graines d'encouragement dans leurs vies et prions pour elles, nous pouvons empêcher les épines spirituelles d'étouffer la parole de Dieu dans leurs vies. Elles ont besoin d'une aide supplémentaire pendant cette période. Savez-vous que certaines variétés d'arbres, lorsqu'ils sont plantés, doivent avoir un tuteur piqué dans le sol à côté de leur tronc? Une corde est ensuite attachée autour de l'arbre et du tuteur jusqu'à ce que l'arbre soit assez grand et suffisamment fort pour tenir par lui-même. Dieu nous a appelés, vous et moi, à être des «tuteurs» pour d'autres, qui les aident à stabiliser leurs vies jusqu'à ce qu'ils soient capables d'avancer par eux-mêmes. Finalement, il y a ceux qui entendent la parole de Dieu, y croient et persévèrent. Ils vont porter du fruit selon Marc 4:20: *D'autres reçoivent la semence dans la bonne terre; ce sont ceux qui entendent la parole, la reçoivent, et portent du fruit, trente, soixante, et cent pour un.*

Alors que l'Esprit de Dieu, à travers nous, déverse sa Parole dans les vies des gens, nous allons voir une grande moisson de personnes venir à Jésus-Christ. Un jour, nous allons nous tenir devant le Seigneur accompagnés de multitudes d'autres – le fruit des graines que nous aurons semées – multipliées en nombre par la grâce de Dieu.

Avez-vous déjà entendu parler de Mordecai Ham? Très peu de personnes connaissent son nom, et pourtant il a eu un profond impact sur les nations du monde. Alors qu'il prêchait dans une réunion de réveil sous une tente, un jeune homme est venu un soir et à donné sa vie à Jésus. Le nom de cet homme était Billy Graham. Chaque personne venue au Seigneur par le ministère de Billy Graham est un produit de l'obéissance d'un homme nommé Mordecai Ham.

D. L. Moody, il y a une centaine d'années, a amené plus d'un million de personnes à Jésus-Christ. Pourtant, l'homme qui avait partagé l'évangile avec lui était une personne ordinaire qui avait décidé de partager Christ avec les enfants de sa classe d'école du dimanche. La Bible dit que le grain de moutarde est la plus petite de toutes les graines, mais qu'elle grandit pour devenir un arbre majestueux (Matthieu 13:31-32). Alors que nous obéissons à Dieu dans les «petites choses,» le Seigneur promet qu'il y aura une grande moisson spirituelle.

Le grand commandement missionnaire consiste simplement à semer des graines. La bonne semence spirituelle est semée par la prière, l'encouragement et le partage de la parole de Dieu avec d'autres. Alors que nous continuons à semer dans l'obéissance, la graine va grandir. Le processus de multiplication va se poursuivre et se reproduire. Les chrétiens en bonne santé prient et rejoignent ceux que Dieu place sur leur chemin. Levons-nous dans la foi ensemble et travaillons avec Jésus pour répondre au grand commandement missionnaire.

REFLEXION
Comment semez-vous des graines spirituelles?
Qu'est-ce que la foi a à voir avec le fait de planter des graines dans les vies des autres?

CHAPITRE 4

Vous êtes appelé à devenir parent spirituel!

VERSET CLÉ À MÉMORISER

Qui est, en effet, notre espérance, ou notre joie, ou notre couronne de gloire? N'est-ce pas vous aussi, devant notre Seigneur Jésus, lors de son avènement? Oui, vous êtes notre gloire et notre joie.

1 Thessaloniciens 2:19-20

Jour 1
Le besoin de parents spirituels

Jésus a investi trois années de son ministère terrestre dans la vie de douze hommes. Son temps était précieux, compté, et il l'a investi pour accompagner ses enfants spirituels. Ce temps de mentoring a préparé et équipé les disciples pour «aller dans le monde entier» et répondre au grand commandement missionnaire.

Nous avons brièvement mentionné le concept de «paternité et maternité spirituelle» plus haut dans cet ouvrage. Bien que la formation de disciples soit similaire dans le sens où elle implique de rassembler quelques personnes pour les aider à grandir dans leur vie chrétienne, la parentalité spirituelle a une portée beaucoup plus large. La parentalité spirituelle a pour intention de développer et d'encourager d'autres à grandir dans leur vie chrétienne pour devenir à leur tour des parents spirituels. Le parent spirituel, ou mentor, accompagne et forme une autre personne, et ce faisant transmet son héritage à un chrétien plus jeune.

Les nouveaux chrétiens ont désespérément besoin de parents spirituels pour les accompagner et les encourager dans leur marche chrétienne. L'homme qui a servi comme pasteur dans mon église pendant de nombreuses années m'a dit que lorsqu'il a accepté Christ dans sa vie, il avait environ vingt-cinq ans. Un «père spirituel» de soixante-dix-sept ans de son église l'a alors pris sous son aile et l'a formé comme disciple. Cela a fait toute la différence dans la maturité spirituelle de ce futur pasteur.

L'apôtre Paul a expliqué aux Corinthiens qu'ils ne devaient pas négliger de faire des investissements spirituels durables dans la vie des autres. Il a écrit qu'ils avaient beaucoup de maîtres ou d'enseignants dans l'église, mais peu de pères et de mères prêts à passer du temps pour investir dans les nouveaux croyants, selon 1 Corinthiens 4:14-15: *Ce n'est pas pour vous faire honte que j'écris ces choses; mais je vous avertis comme mes enfants bien-aimés. Car, quand vous auriez dix mille maîtres en Christ, vous n'avez cependant pas plusieurs pères, puisque c'est moi qui vous ai engendrés en Jésus Christ par l'Évangile.* Ces chrétiens étaient des croyants immatures parce qu'il leur manquait des véritables pères pour leur donner une identité, un encouragement et une formation adéquate. Ils avaient besoin de pères et de mères spirituels prêts à passer du temps avec eux.

Les nouveaux croyants n'atteignent souvent pas leur plein potentiel en Dieu parce qu'ils n'ont jamais eu de parent spirituel pour les accompagner. Les véritables parents spirituels se préoccupent sincèrement du bien-être de leurs enfants spirituels.

REFLEXION
Pourquoi les chrétiens mentionnés dans 1 Corinthiens 4:14-15 étaient-ils immatures? Sentez-vous le besoin d'un parent spirituel pour vous équiper pour «aller dans le monde»?
Êtes-vous prêt à devenir un père ou une mère spirituel?

Jour 2
Dieu désire «ramener le cœur des pères à leurs enfants»

Pourquoi est-il si important de susciter des parents spirituels prêts à accompagner des enfants spirituels et à les aider à grandir dans leur vie chrétienne? Tout d'abord, c'est un accomplissement de la promesse du Seigneur dans les derniers jours de ... *ramener le coeur des pères à leurs enfants, et le coeur des enfants à leurs pères... (Malachie 4:6).*

Le Seigneur veut restaurer l'harmonie entre les pères et leurs enfants, tant naturellement que spirituellement, afin que les pères puisse transmettre leur héritage à la génération suivante. Il veut que des parents spirituels reprennent le manteau pour former leurs enfants afin qu'ils ne soient plus flottant dans la mer de la vie. Les enfants ont besoin dans leur vie du genre de parents qui leur offrent le caractère dont ils ont besoin, qui leur disent combien ils ont de la valeur, qu'ils sont des cadeaux de Dieu. Les parents doivent mettre des attentes dans le cœur de leurs enfants afin qu'ils puissent croire en eux-mêmes.

Paul dit au verset 17 de 1 Corinthiens 4 qu'il va envoyer Timothée à l'église de Corinthe parce qu'il *«leur rappellera quelles sont ses voies en Christ.»* En tant que père spirituel, Paul a fidèlement formé Timothée. Maintenant, Timothée était prêt à transmettre sa paternité spirituelle à l'église de Corinthe. Les chrétiens ont besoin de voir la paternité spirituelle modélisée afin qu'ils puissent être équipés pour transmettre un héritage à la génération suivante de croyants.

Paul a formé Timothée, son fils spirituels bien-aimé qui a toute sa confiance, et maintenant c'est Timothée qui vient pour les former. Paul avait totalement confiance en Timothée pour aider l'église de Corinthe parce qu'il l'avait formé comme un fils. Avec cet exemple, les Corinthiens pourraient bientôt produire leurs propres fils et filles spirituels. Ce genre de relation de mentoring, consistant à former et à équiper des fils et des filles, représentait un investissement spirituel qui pouvait continuer à se mutliplier, alors que des croyants équipés et matures partaient dans le monde pour répandre l'évangile.

REFLEXION
Pourquoi est-il important pour des parents spirituels de reprendre le manteau et de former leurs enfants?
Que se passe-t-il lorsque des fils et filles sont accompagnés et équipés par des parents spirituels?

Jour 3
Les enfants spirituels passent par des stades de croissance

D'après la Bible, nous passons par des stades développement spirituel – petits enfants, jeunes gens et pères. A chaque étape de notre route, nous fonctionnons d'une manière particulière et nous avons des tâches distinctes à vivre. Jean parle de ces trois stades de développement spirituel dans *1 Jean 2:12-14. Je vous écris, petits enfants, parce que vos péchés vous sont pardonnés à cause de son nom. Je vous écris, pères, parce que vous avez connu celui qui est dès le commencement. Je vous écris, jeunes gens, parce que vous avez vaincu le malin. Je vous ai écrit, petits enfants, parce que vous avez connu le Père. Je vous ai écrit, pères, parce que vous avez connu celui qui est dès le commencement. Je vous ai écrit, jeunes gens, parce que vous êtes forts, et que la parole de Dieu demeure en vous, et que vous avez vaincu le malin.*

Le cri du cœur de Dieu, c'est que nous arrivions au stade de la paternité. Comme celle-ci est si cruciale pour l'ordre divin, il a établi un terrain d'entraînement naturel consistant en «stades de développement.» Les bébés chrétiens grandissent vers la paternité en progressant graduellement dans chacune de ces étapes. Ce n'est qu'après cela qu'ils peuvent recevoir le cœur et la révélation d'un père ou d'une mère.

Nos étapes de bébés en Christ, de jeunes gens et de pères et mères spirituels n'ont rien à voir avec notre âge chronologique, mais tout à voir avec la façon dont nous progressons vers la maturité spirituelle. On s'attend à ce que des enfants grandissent. Ce n'est qu'après qu'ils peuvent devenir des pères et des mères.

Si nous ne faisons pas les pas suivants pour devenir des parents spirituels, nous allons rester des bébés – spirituellement immatures et dénués d'aptitudes parentales. C'est triste, mais c'est un scénario qui se produit trop souvent dans l'église. A de nombreuses reprises, il n'y a pas de stratégie pour que les croyants se développent dans nos systèmes d'église.

Néanmoins, avec la restauration du christianisme néotestamentaire, alors que les gens se réunissent en petits groupes. Dieu offre un contexte idéal pour développer des parents spirituels. Chaque personne a l'opportunité d'«accomplir l'œuvre du ministère» et de créer des relations profondes les uns avec les autres. Par la transmission et la modélisation, la reproduction spirituelle se produit naturellement.

L'intention de Dieu est d'amener les nouveaux croyants à devenir des pères et des mères spirituels après avoir passé par les stades de la petite enfance et de la jeunesse spirituelle. L'apôtre Paul avait la volonté d'instruire chacun afin qu'il soit enraciné dans la foi … instruisant tout homme en toute sagesse, afin de présenter à Dieu tout homme, devenu parfait en Christ (Colossiens 1:28).

L'appel du Seigneur n'a pas changé. Chaque croyant, après avoir été équipé, peut devenir un parent spirituel. Ce faisant, nous devons progresser par les différents stades de développement. Penchons-nous sur chacune de ces trois étapes dans les jours 4 et 5.

REFLEXION

Quelles sont les étapes de développement pour qu'un nouveau chrétien devienne lui-même un parent spirituel?
Que se passe-t-il si nous ne progressons pas dans ces étapes de développement?

Jour 4

Grandir en passant d'enfant spirituel à jeune gens

Les bébés spirituels dans le corps de Christ sont merveilleux! D'après 1 Jean 2:12, ils sont des «petits enfants dont les péchés sont pardonnés.» Ce pardon des péchés les introduit dans une relation avec Dieu et avec d'autres croyants. Les enfants spirtiuels ou nouveaux croyants sont ouverts à tout ce qu'ils peuvent recevoir de leur sauveur. Ils demandent librement au Père lorsqu'ils ont un besoin. Avez-vous déjà remarqué que des nouveaux croyants peuvent faire des prières qui semblent théologiquement boîteuses, mais auxquelles Dieu se plaît à répondre? Le Père est prompt à prendre soin de ces petits.

L'accent d'un nouveau croyant est sur le pardon des péchés, le fait d'aller au ciel et d'apprendre à connaître le Père. Comme des bébés naturels, ils connaissent leur Père, bien que cela ne soit pas nécessairement une connaissance de Dieu approfondie. Un nouveau croyant agit souvent comme un enfant naturel avec les caractéristiques de l'immaturité, comme l'instabilité et la crédulité. Ils ont besoin d'assurance et de soins constants. Ils font souvent des choses inattendues parce qu'ils apprennent encore ce que suivre Jésus veut dire. Les parents spirituels sont contents de passer du temps avec les enfants spirituels afin de pouvoir les guider dans la bonne direction.

Mais que se passe-t-il lorsque des bébés spirituels ne grandissent pas? Dans l'église aujourd'hui, il n'y a pas que des nouveaux croyants qui se comportent comme des bébés spirituels. Des vieux chrétiens qui manquent de maturité spirituelle sont «d'âge adulte», mais restent des bébés dans leur croissance spirituelle. Ils peuvent être âgés de 20, 30, 40 ou 50 ans, croyants depuis des décennies, et n'avoir jamais réellement grandi spirituellement. Ils vivent des styles de vie égocentriques, se plaignant, créant des problèmes, et piquant des crises lorsque les choses ne se passent pas comme ils le veulent. D'autres se vautrent dans la pitié de soi lorsqu'ils tombent. De nombreux enfants spirituels dans nos églises aujourd'hui ont désespérément besoin de grandir et d'entrer dans l'étape suivante, celle des jeunes gens.

Les jeunes gens spirituels ne sont plus nourris à la cuiller. D'après 1 Jean 2:14, *ils sont forts, et la parole de Dieu demeure en eux, et ils ont vaincu le malin.* Ils n'ont pas besoin de courir vers des autres dans l'église pour qu'ils prenennt soin d'eux comme le feraient des bébés, car ils ont appris comment mettre la parole de Dieu en pratique dans leur propre vie. Lorsque le diable vient les tenter, ils savent que faire pour le vaincre. Ils utilisent la parole de Dieu avec efficacité et puissance!

Les jeuns gens spirituels doivent être encouragés (1 Timothée 4:12). Ils sont forts dans la Parole et dans l'Esprit. Ils ont appris à utiliser la force de la discipline spirituelle de la prière et de l'étude de la Parole. Ils sont prêts à entrer dans ce que Jésus leur demande et à faire des exploits.

D'un autre côté, les tentations de la jeunesse spirituelle peuvent constituer un piège pour ceux qui n'ont pas encore développé un fort sens du bien et du mal. Les jeunes sont encouragés à fuir les passions de la jeunesse qui peuvent provoquer des scandales (2 Timothée 2:22).

Les jeunes gens spirituels peuvent avoir atteint un certain niveau de maturité spirituelle, mais sans être encore des parents spirituels. Ils peuvent parfois devenir arrogants et dogmatiques. Après être rentrés du dernier séminaire ou après avoir lu un nouveau livre, ils peuvent penser avoir toutes les réponses. Ils doivent être tempérés par la parentalité. Ils doivent devenir des pères et des mères pour expérimenter les joies et les disciplines liées à la parentalité. Répétons-le une fois de plus, devenir parent spirituel n'a rien à voir avec l'âge chronologique; c'est un âge spirituel!

REFLEXION
Quelles sont certaines des caractéristiques des enfants spirituels? Et des jeunes gens spirituels?

Jour 5
Qu'est-ce qu'un parent spirituel

Comment des jeunes gens peuvent-ils grandir et devenir des parents spirituels? Il n'y a qu'une façon – en ayant des enfants! Vous pouvez devenir un parent spirituel par naissance naturelle (accompagner quelqu'un que vous avez personnellement amené à Christ) ou par adoption (accompagner quelqu'un qui est déjà croyant, mais qui a besoin d'un mentor). Paul a personnellement conduit Onésime à Christ, ainsi Onésime était son fils spirituel (Philémon 10). Timothée était aussi un fils spirituel de Paul, mais un fils «d'adoption,» car Timothée était venu à Christ plus tôt par l'influence de sa mère et de sa grand-mère (Actes 16).

Les pères et les mères spirituels sont des croyants mûrs qui ont grandi dans leur marche chrétienne; ils sont appelés pères selon 1 Jean 2:13. *Je vous écris, pères, parce que vous avez connu celui qui est dès le commencement....* Cela implique une profonde connaissance de Jésus par sa Parole. Cela implique aussi une amitié profonde avec lui, une passion pour Jésus.

Les chrétiens matures sont conscients de leur appel à devenir comme Jésus – à être un père comme le Fils de Dieu. Ils comprennent le prix à payer pour devenir parent spirituel et sont prêts à le faire.

Devenir parent spirituel est l'un des plus grands catalystes pour aider les chrétiens à grandir dans la maturité. Même si des parents spirituels potentiels ne se sentent pas prêts à devenir parents, s'ils font des pas de foi et s'appuient sur l'aide de leurs propres parents spirituels, ils vont rencontrer succès et accomplissement.

Les pères et les mères spirituels peuvent être appelés mentors ou coaches parce qu'ils sont positionnés pour aider des fils et des filles à négocier les obstacles de leur vie spirituelle. Un coach est quelqu'un qui souhaite vous voir gagner. Un coach vous dit que vous allez y arriver.

Pour dire les choses simplement, ma définition préférée d'un parent spirituel est: Un parent spirituel aide un fils ou une fille spirituel à atteindre son plein potentiel en Dieu.

Avec un parent spirituel mature à leur côté, les fils et les filles vont devenir forts et apprendre rapidement et naturellement par l'exemple. Le parent enseigne, forme, montre l'exemple et offre un modèle Les parents spirituels aident leurs enfants à prendre conscience des attitudes et des comportements dans leurs vies qui ont besoin de changer. Ils aident les nouveaux croyants à porter un regard honnête sur leurs vies et à faire les ajustements nécessaires pour que leurs actions et leurs comportements puissent changer.

REFLEXION
Comment des jeunes gens spirituels deviennent-ils parents?
Donnez une définition d'un parent spirituel.

Jour 6
Notre héritage – des enfants spirituels

Quelle qu'ait été notre propre expérience – que nous ayons eu ou non un père ou une mère spirituel – nous pouvons devenir parent spirituel pour quelqu'un que le Seigneur a placé sur notre route. Chaque croyant peut décider de collaborer avec Jésus et de faire des disciples en devenant père ou mère spirituel pour quelqu'un qui a besoin d'aide pour grandir dans le Seigneur.

Alors par où commencer? Les premiers chrétiens ne «partageaient pas leur foi» au hasard. Ils fonctionnaient en équipe, ensemble, chacun à sa place, pour accomplir le grand commandement missionnaire. Dieu va placer des gens sur notre chemin, des gens qu'il désire que nous rejoignions. Alors que nous nous engageons à les former, ils seront rendus conformes à l'image de Jésus. En grandissant en Christ, ces nouveaux croyants vont à leur tour commencer à faire des disciples, suivant l'exemple de leurs parents. Abraham avait quatre-vingt-dix-neuf ans lorsque Dieu lui a donné la promesse qu'il serait *père de nombreuses nations (Genèse 17:4)*. Galates 3:29 dit que ceux qui appartiennent à Christ sont *la descendance d'Abraham, héritiers selon la promesse*. Par conséquent, en tant que croyants, Dieu veut aussi faire naître en nous des «nations». Ces «nations», ou groupes de personnes, qui vont découvrir Christ à travers notre influence, constitueront notre lignée spirituelle – elles sont notre postérité en Christ dans le royaume de Dieu. Cela nous est promis parce que nous sommes enfants de la promesse. Notre Dieu désire nous donner une postérité spirituelle.

Il y a des années, j'ai été un papa spirituel pour Bill, aujourd'hui missionnaire dans les Caraïbes. Lors d'une visite à la Barbade, Bill m'a raconté une histoire intéressante liée à cette île-nation. Beaucoup des gens qui vivent aujourd'hui à la Barbade étaient à l'origine des esclaves venus d'Afrique de l'Ouest, en particulier de la Gambie. Aujourd'hui, des natifs de la Barbade sont envoyés depuis leur île comme missionnaires en Gambie. Puis Bill a dit quelque chose qui m'a profondément ému. «Larry, est-ce que tu réalises que les personnes atteintes en Gambie font partie de ton héritage spirituel?

Le grand commandement missionnaire

Tu as été un de mes pères spirituels.» A l'époque où j'étais un père spirituel pour Bill, j'étais moi-même un jeune homme, un fermier qui élevait des poulets, qui dirigeait une étude biblique pour les jeunes. Bill était parti dans le monde, avait formé d'autres personnes à aller, et il y a eu un effet boule de neige! J'étais profondément ému! C'était comme si j'étais le récipient d'un immense héritage!

REFLEXION
Comment pouvons-nous faire naître une lignée spirituelle d'après Galates 3:29?

Jour 7
Allez dans le monde entier et laissez un héritage!

La promesse d'enfants spirituels est pour tous les chrétiens! Dieu nous a placés ici sur la terre parce qu'il nous a appelés à devenir des pères et des mères spirituels dans notre génération. A ce mandat s'ajoute l'attente que nos enfants spirituels aient à leur tour des enfants spirituels, et que ce cycle se multiplie.

Notre héritage sera constitué de tous les enfants spirituels que nous pourrons un jour présenter à Jésus-Christ. *Qui est, en effet, notre espérance, ou notre joie, ou notre couronne de gloire? N'est-ce pas vous aussi, devant notre Seigneur Jésus, lors de son avènement? Oui, vous êtes notre gloire et notre joie (1 Thessaloniciens 2:19-20).* Quoi que vous fassiez – que vous soyez mère au foyer, étudiant, ouvrier dans une usine, pasteur d'une église ou PDG d'une grande entreprise – vous avez la bénédiction divine et la responsabilité d'enfanter des fils et des filles spirituels, des petits-enfants et des arrière-petits-enfants. Vous êtes appelés à transmettre aux autres le riche héritage que Dieu a promis.

Si nous étions sérieux par rapport à la formation de disciples, un à la fois, et à les former afin qu'ils puissent à leur tour aller et faire d'autres disciples, il ne faudrait pas longtemps pour que chaque personne sur la surface de la terre soit confrontée avec la vérité de Jésus-Christ. Le principe biblique est simple, et pourtant le peuple de Dieu n'a souvent pas obéi à ce grand commandement missionnaire de notre Seigneur Jésus. Dieu nous a appelés et il nous a donné sa priorité: former des disciples.

Dieu utilise le principe de multiplication par la parentalité spirituelle. Si vous et moi lui obéissons pour rejoindre une, deux, trois ou quatre personnes que le Seigneur met sur notre route, nous voyons le royaume de Dieu établi dans le monde entier. Dieu veut établir son Royaume dans notre génération par le principe de multiplication lié à la parentalité spirituelle. Le royaume de Dieu est bâti lorsque nous aimons les gens et passons du temps avec eux.

Si vous désirez plus de formation pour devenir des pères ou des mères spirituels, vous pouvez lire mon livre, *Susciter des pères et des mères spirituels*, traduit en français. Il y a aussi en anglais une formation disponible par vidéos. Maintenant que vous avez appris les fondements de la vie chrétienne par cette série de livrets Fondements bibliques, priez de demander à Dieu de vous montrer une personne que vous pouvez aider à grandir dans le Seigneur et enseignez-lui ce que vous avez appris!

Je crois qu'un réveil mondial est sur le point d'arriver. Le peuple de Dieu doit être alerte et prêt à s'occuper de la grande moisson qui va être amenée dans le royaume de Dieu. Des parents spirituels doivent être prêts à obéir à son appel à à prendre des jeunes chrétiens sous leurs ailes.

Nous sommes des récipients du Saint-Esprit, et Dieu va déverser son Esprit à travers nous sur les autres. Actes 2:17 nous dit: *«Dans les derniers jours, dit Dieu, je répandrai de mon Esprit sur toute chair; vos fils et vos filles prophétiseront, vos jeunes gens auront des visions, et vos vieillards auront des songes.»*

Un jour, vous et moi allons nous tenir devant le Dieu vivant. Lorsque je me tiens devant le Seigneur, je ne veux pas me retrouver tout seul. Qu'en est-il de vous? Tenons-nous devant lui avec une multitude d'enfants, de petits-enfants spirituels et leurs futurs descendants! Le Seigneur veut vous donner un héritage spirituel. Dieu vous a appelés à être parent spirituel.

REFLEXION
Quel est notre héritage spirituel?
Comment le fait d'avoir et de devenir un parent spirituel vous aide-t-il à obéir au grand commandement missionnaire?

Le grand commandement missionnaire
Canevas du chapitre 1
Quel est le grand commandement missionnaire?

1. **Allez et faites des disciples**
   a. Les dernières instructions de Jésus à ses disciples.
      Matthieu 28:18-20
   b. Un mandat est une série d'instructions. Aller n'est pas une option dans les instructions de Jésus de faire de toutes les nations des disciples.
   c. Partout où nous allons, nous sommes appelés à faire des disciples.

2. **Atteindre les nations**
   a. Les chrétiens ont reçu le commandement d'atteindre les gens de toutes les nations.
      Matthieu 28:19
   b. Les missionnaires sont ceux qui entendent l'appel de vivre leur témoignage pour Jésus dans un autre pays.
   c. Les missionnaires veulent voir l'Evangile pénétrer les cœurs des gens dans les sociétés dans lesquelles ils vivent.
   d. Chaque croyant devrait être impliqué dans la mission mondiale d'une manière ou d'une autre.

3. **La stratégie**
   a. Le grand commandement missionnaire est un appel à faire des disciples, et nous pouvons commencer là où nous vivons.
   b. On fait des disciples une personne à la fois. Jésus a servi les multitudes mais a passé la plupart de son temps avec les douze disciples, pour les former.
   c. L'église se bâtit par les relations (1 Pierre 2:5). Comment pouvez-vous faire des disciples dans vos différentes sphères d'amitié?
   d. L'intention de Dieu est de nous utiliser comme des parents spirituels qui forment des enfants spirituels (des jeunes chrétiens) pour les amener à la maturité.

4. **Les relations durent pour toujours**
   a. L'église primitive vivait des relations de type familiales lorsque les croyants se réunissaient dans les maisons pour prendre soin, s'équiper et se servir les uns les autres (Actes 2:46-47).
   b. Demandez à Dieu de vous montrer les relations dans lesquelles il vous appelle à «déverser vos vies».
   c. L'évangile est puissant (Romains 1:16; 1 Corinthiens 1:18) and va avoir un impact dans la vie des gens en raison de notre influence.
   Ex. Le Réveil du Pays de Galles au début des années 1900.

5. **Votre vie se lit comme un livre**
   a. Paul encourageait les premiers chrétiens à l'imiter.
      1 Corinthiens 11:1
   b. Le seul livre spirituel que certaines personnes vont jamais lire est le livre de nos propres vies (2 Corinthiens 3:2-3).

6. **Minimisez les différences; concentrez-vous sur Jésus**
   a. Nous devons nous concentrer sur Jésus (Matthieu 6:33) et sur la formation de disciples et ne pas nous laisser distraire par des problèmes et des différences dans l'église (Romains 14:5).
   b. Jésus veut que nous soyons unis (Jean 17:20-21).
   c. Christ revient pour chercher une épouse sans taches (Ephésiens 5:27).

7. **Prière, évangélisation et formation de disciples**
   a. Un tabouret à trois pieds de vérité: Dieu utilise la prière, l'évangélisation et la formation de disciples pour bâtir son église.
   b. Donner nos vies pour aider les autres en priant pour eux, en les atteignant et en les formant comme disciples est une bénédiction.
   c. Nous allons être bénis en retour (Luc 6:38; Ecclésiaste 11:1; Proverbes 11:25).

Le grand commandement missionnaire
Canevas du chapitre 2

Soyez prêts à l'action! Le combat spirituel

1. **Nous sommes une armée spirituelle**
   a. Nous sommes des soldats spirituels, livrant des batailles spirituelles et parfois devant endurer des difficultés (2 Timothée 2:3) alors que nous aidons les gens à sortir des ténèbres spirituelles.
   b. L'église est comme une armée avec une unité médicale – où les soldats de Dieu reçoivent la guérison avant de retourner sur le champ de bataille.
   c. Nous devons nous encourager les uns les autres pour que nous tenions fermes en tant qu'armée.
   Hébreux 3:13a

2. **La prière – une arme spirituelle pour faire la guerre**
   a. Revêtons toute l'armure de Dieu pour partir au combat (Ephésiens 6:10-12).
   b. La prière est une arme puissante contre les puissances des ténèbres.
   c. Satan aveugle l'intelligence des gens qui ne croient pas.
   2 Corinthiens 4:3-4a
   d. Nous pouvons lier les forteresses démoniaques dans la vie des gens.
   Matthieu 18:18

3. **La vérité vous garde enracinés**
   a. La ceinture de la vérité stabilise l'armure et les armes mentionnées dans Ephésiens 6:13-14.
   b. Nous devons bâtir tous les aspects de nos vies sur la vérité de Jésus-Christ.

4. **Qu'est-ce qui couvre votre cœur et vos pieds?**
   a. La cuirasse de la justice (Ephésiens 6:14b) nous amène à voir que nous sommes justes par la foi en Dieu.
   Romains 4:3-5

b. Nous devons aussi nous assurer que nos pieds sont chaussés du «zèle qui vient de l'évangile de paix».
   Ephésiens 6:15
c. Nous devrions tenter de vivre en paix avec tous les hommes.
   Jacques 3:18; Matthieu 5:23-24; Romains 12:18

5. **Maintenez votre bouclier de la foi en place**
   a. Le bouclier de la foi constitue une défense globale contre les attaques.
      Ephésiens 6:16
   b. Les traits enflammés de l'ennemi peuvent inclure le doute, la dépression, la condamnation, la crainte...
   c. Dans la foi, choisissez de déclarer les promesses de Dieu quelles que soient les circonstances.
      Ex: La mère qui continue de croire dans la foi pour son fils égaré (Esaïe 59:21b)

6. **Votre casque et votre épée**
   a. Le casque du salut nous défend contre les coups de l'ennemi. Le casque nous donne l'espérance d'une sécurité constante et d'une protection (Ephésiens 6:17a).
   b. L'épée de l'Esprit (la parole de Dieu) est la seule partie de l'armure qui soit aussi bien offensive que défensive.
   c. Armés de la vérité de la parole de Dieu, nous pouvons résister aux mensonges de Satan.

7. **Prêts à l'action!**
   a. Nous devons prier les uns pour les autres pour que nous soyons audacieux dans notre témoignage.
      Ephésiens 6:19-20
   b. Les échecs spirituels se produisent souvent lorsque nous négligeons de garder notre armure spirituelle en place.
   c. Le monde attend que nous déclarions la vérité qui va les rendre libres!

Le grand commandement missionnaire

La grand commandement missionnaire
Canevas du chapitre 3
Atteindre les perdus et faire des disciples

1. **La véritable évangélisation**
   a. L'évangélisation, c'est être tellement rempli de Jésus que, où que nous allions, nous découvrons des gens qui ont besoin de le connaître.
   b. Aimer Dieu est un appel à aimer les autres (Luc 10:27).
   c. Jésus veut faire de nous des pêcheurs d'hommes (Marc 1:17).

2. **Le principe oikos**
   a. Le principe oikos constitue une excellente manière de conduire les gens à Christ.
   b. Oikos signifie maison ou famille. Ce sont les gens avec lesquels nous sommes en relation sur une base régulière.
   c. Corneille invite son oikos à une rencontre avec Pierre pour entendre l'évangile (Actes 10:24).
   d. Toute la maison d'un geôlier est venue à Christ dans Actes 16.

3. **Les genres de personnes dans votre oikos**
   a. Les membres de votre famille proche et élargie, vos voisins, vos collègues et les autres personnes avec lesquelles vous avez un contact régulier font partie de votre oikos.
   b. Lévi invite son oikos (ses collègues et associés) à écouter Jésus.
   Luc 5:29
   c. L'amitié de Philippe avec Nathanaël l'a amené à Jésus.
   Jean 1:45

4. **Passez du temps à être mentor pour les autres**
   a. Jésus a passé du temps avec ses disciples pour être leur mentor.
      Marc 3:14-15
   b. Faire des disciples, c'est donner nos vies pour les autres, prendre le temps nécessaire pour les voir grandir spirituellement.

5. **Apprenez et enseignez par l'exemple**
   a. Nous sommes appelés à former les autres. Nous avons une responsabilité de leur enseigner ce que nous avons nous-mêmes appris.
      Deutéronome 29:29
   b. Si chaque disciple voulait former les autres, les résultats seraient extraordinaires.

6. **L'hospitalité dans les maisons**
   a. L'hospitalité constitue une façon puissante de s'impliquer dans la formation de disciples (1 Pierre 4:9).
   b. Romains 12:13 dit que nous devrions «exercer l'hospitalité».

7. **Semer des graines spirituelles dans la vie des autres**
   a. Semer des graines spirituelles dans la vie des gens par la prière, l'encouragement et la formation de disciples.
   b. Que peut-il se produire lorsque nous semons des graines spirituelles (Marc 4)?
   c. Certains entendent la parole de Dieu, mais n'y répondent pas, alors Satan la vole.
   d. Certains la reçoivent avec joie, mais n'ont pas de ressources et meurent.
   e. Certains entendent la parole de Dieu, y croient et persévèrent. Ils vont porter du fruit (Marc 4:20).
   f. Le grand commandement missionnaire consiste à semer des graines.

**Le grand commandement missionnaire
Canevas du chapitre 4**

Vous êtes appelé à devenir parent spirituel!

1. **Le besoin de parents spirituels**
   a. La parentalité spirituelle consiste à devenir mentor – développer et encourager les autres à devenir parents eux-mêmes.
   b. Paul écrit que l'église primitive avait des enseignants, mais n'avait pas assez de parents, de véritables pères et mères, pour lui apporter une identité solide et prendre soin des croyants (1 Corinthiens 4:14-15).

2. **Dieu désire «ramener le cœur des pères à leurs enfants»**
   Malachie 4:6
   a. Les parents spirituels prennent le manteau de former des enfants spirituels et de leur transmettre un héritage.
   b. Paul a formé Timothée et l'a envoyé chez les Corinthiens pour les former à leur tour (1 Corinthiens 4:17).
   c. Ce genre de relation de mentoring constitue un investissement spirituel.

3. **Les enfants spirituels passent par des stades de croissance**
   1 Jean 2:12-14
   a. Les bébés doivent grandir et devenir des jeunes gens, puis des parents.
   b. Le cri du cœur de Dieu, c'est que nous devenions des parents spirituels.
   c. Si nous restons des bébés spirituels, nous ne nous développons pas spirituellement. Paul désirait enraciner les gens solidement dans la foi.
   Colossiens 1:28

4. **Grandir en passant d'enfant spirituel à jeune gens**
   a. Les bébés spirituels sont en communion avec Dieu (1 Jean 2:12), mais on s'attend à ce qu'ils grandissent spirituellement.
   b. Les jeunes gens ont appris à appliquer la parole de Dieu (1 Jean 2:14). Ils sont forts dans la Parole et dans l'Esprit (1 Timothée 4:12).
   c. Les jeunes gens spirituels doivent cependant encore grandir.

5. **Qu'est-ce qu'un parent spirituel**
   a. Les jeunes gens spirituels doivent grandir pour devenir des parents en ayant des enfants.
   b. Des parents spirituels ont grandi et mûri (1 Jean 2:13).
   c. Un père ou une mère spirituel aide un fils ou une fille spirituel à atteindre tout son potentiel en Christ.

6. **Notre héritage – des enfants spirituels**
   a. Comme Abraham, nous pouvons avoir un héritage d'enfants spirituels et «enfanter» des nations (Genèse 17:4; Galates 3:29).
   b. Faire des disciples en formant un fils ou une fille spirituel!

7. **Allez dans le monde entier et laissez un héritage!**
   a. La promesse d'enfants spirituels est pour chaque chrétien.
   b. Notre héritage sera les enfants spirituels que nous présentons à Christ (1 Thessaloniciens 2:19-20).
   c. Dieu utilise le principe de multiplication par la parentalité spirituelle pour voir le royaume de Dieu avancer.
   d. Laissez Dieu déverser son Esprit sur vous et couler sur les autres!
   Actes 2:17

Questions de méditation supplémentaires

Si vous utilisez ce livret comme guide de méditation quotidienne, vous aurez réalisé qu'il y a vingt-huit jours dans cette étude. Selon le mois, vous pourrez avoir besoin des trois études quotidiennes données ci-dessous.

Jour 29
Obéir au grand commandement missionnaire
Lisez Jean 17:13-18. Comment aurons-nous la joie parfaite de Christ en nous? Qu'est-ce que Jésus priait pour nous? Comment pouvons-nous être mis à part pour Dieu? Ce livre a-t-il changé votre manière de vivre pour pouvoir obéir au grand commandement missionnaire?

Jour 30
Faire des disciples
Lisez 1 Pierre 2:21-24. Quels sont certains aspects de la vie où nous devons imiter notre Seigneur Jésus? Comment Jésus a-t-il répondu à l'adversité? Que pouvons-nous apprendre de ce passage sur la véritable formation de disciples? Laissez-vous Dieu vous utiliser pour multiplier son Royaume par l'évangélisation et la formation de disciples?

Jour 31
Va et trouve un fils (ou une fille)
Lisez 1 Rois 19. Quelle solution Dieu donne-t-il à un Elie déprimé et découragé (v. 19)? Que s'est-il passé lorsqu'Elie a obéi? Le fils spirituel d'Elie, Elisée, a vécu une double portion de l'Esprit du Seigneur. Devrions-nous nous attendre à ce que nos enfants spirituels nous dépassent largement spirituellement?